머니패턴

머니패턴

돈을 끌어당기는 부자의 심리 시스템

이요셉·김채송화 지음

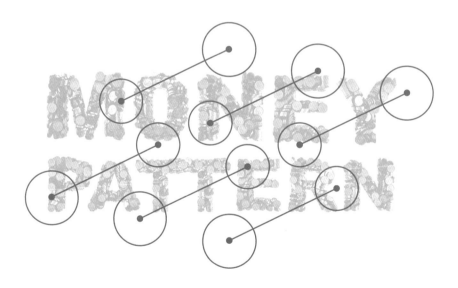

비즈니스북스

머니패턴

1판 1쇄 발행   2019년 3월 25일
1판 8쇄 발행   2022년 6월 7일

지은이 | 이요셉, 김채송화
발행인 | 홍영태
발행처 | (주)비즈니스북스
등 록 | 제2000-000225호(2000년 2월 28일)
주 소 | 03991 서울시 마포구 월드컵북로6길 3 이노베이스빌딩 7층
전 화 | (02)338-9449
팩 스 | (02)338-6543
대표메일 | bb@businessbooks.co.kr
홈페이지 | http://www.businessbooks.co.kr
블로그 | http://blog.naver.com/biz_books
페이스북 | thebizbooks
ISBN 979-11-6254-069-5   03320

비즈니스북스는 독자 여러분의 소중한 아이디어와 원고 투고를 기다리고 있습니다.
원고가 있으신 분은 ms1@businessbooks.co.kr로 간단한 개요와 취지, 연락처 등을 보내 주세요.

당신에게 '돈'이란 무엇인가

기차가 달리는 것을 본 적이 있는가? 어떤 기차는 급행이라 선로를 빠르게 달리고, 어떤 기차는 완행이어서 선로를 천천히 따라간다. 불의의 사고가 일어나지 않는 한, 선로를 이탈하는 기차는 거의 없다.

우리의 삶도 이와 비슷하다. 삶은 우리가 정한 선로를 따라간다. 선로를 완전히 이탈하는 일 또한 많지 않다. 그런데 기차가 출발지와 목적지를 분명히 하고 미리 예정된 선로를 따라 시각의 오차 없이 움직이는 것과는 달리, 우리 삶은 정확한 목적지와 방향 없이 흘러갈 때가 많다. 안타깝게도 자기 삶의 선로가 어디로 향하는지조차 모른 채 살아가는 사람들도 세상에는 꽤 많다. 나는 이 선로를 '삶의 패턴'이라 부른다. 패턴은 고정되어 있고, 특별하지 않다면 습관적으로 흐른다.

당신에게는 배우자가 있는가? 혹은 여자 친구나 남자 친구가 있는가? 부부간의 패턴, 연인 간의 패턴을 알아보는 좋은 방법이 있다.

나의 배우자(연인)은 반드시 _____ 해야 한다.

빈칸에 자신의 생각을 써보라. '돈을 벌어야 한다', '자상해야 한다', '아침밥을 해줘야 한다', '육아를 분담해야 한다', '말이 통해야 한다', '여행이라는 취미가 같아야 한다' 등 본인의 입장과 기준에서 상대방이 반드시 지켜야 하는 것들을 몇 가지 적어보자. 해도 되고, 안 해도 되는 것이 아니라 '반드시', '꼭 지켜야만 하는' 것을 적는 게 중요하다.

다 적었는가? 당신은 아마 배우자 혹은 상대방이 이를 지키지 않았을 때 화가 나고 심한 경우 다투기까지 할 것이다. '아내는 반드시 아침밥을 차려줘야 한다'고 생각하는 남편은 아내가 아침을 차리지 않았을 때 가슴 깊은 곳에서부터 분노가 차오를 것이다. '남편은 충분한 돈을 벌어야 한다'고 생각하는 아내는 남편이 그렇지 못할 때마다 바가지를 긁게 될 것이다.

사실, 패턴의 형성은 남편이나 아내 탓에 생기는 게 아니라 대부분 자신이 어려서 겪은 경험이나 상처에서 기인한다. 그렇다고 어른이 된 현재에 우리가 어린 시절의 아픔 때문에 항상 괴로워하고 있다는 뜻은 아니다. 패턴이란 무의식에 잠재되어 영향력을 발휘하기에 대부분의 사람들은 의식하지 못한 채 살아간다. 결국 본인도 잘 모르는 마음의 작용이므로, 배우자의 문제가 아니라 오로지 내 문제다! 그리고 인간관계에서 서로 간에 패턴의 충돌이 일어날 때 싸움이 생긴다.

돈도 마찬가지다. 돈에 대한 당신의 패턴을 한번 생각해보자.

돈은 반드시 _____ 해야 한다.
예) 돈은 정직하게 벌어야 한다. 돈은 잘 써야 한다. 돈이 돈을 벌게 해야 한다.

돈은 결코 _____ 해서는 안 된다.
예) 돈은 결코 낭비해서는 안 된다. 돈으로 사람을 망치면 안 된다.

두 문장의 빈칸을 채워보자. 돈에 대해 어떻게 생각하는가? 돈에 대해 당신이 결코 용납할 수 없는 것 혹은 돈은 반드시 이러저러해야 한다고 생각하는 것이 있는가?

돈에 대한 생각, 바로 그것이 당신이 돈을 버는 습관과 쓰는 습관을 좌우한다. 앞으로 우리는 이 책을 통해서 당신이 가지고 있던 돈의 패턴, 즉 '머니패턴'에 대해 이야기할 것이다.

강력한 패턴은 무의식 속에 자리 잡아 당신도 모르는 사이에 많은 것을 좌지우지한다. '돈은 나쁜 거야', '난 돈 버는 재주가 없어'라고 마음 깊이 생각하고 있다면 실제로도 돈을 잘 벌지 못하거나 혹은 돈을 번다 해도 자기 손에서 돈이 다 빠져나가기 마련이다. '돈은 필요한 만큼만 생긴다'고 여기는 사람은 어떻게 될까? 그 이상으로 돈을 벌 수 있는 출중한 능력이 있다 해도 패턴 탓에 절대로 능력이 제대로 발휘되지 않는다.

가난, 불행 또한 패턴이다. 당신에게는 그 패턴을 벗어날 수 있는 충분한 능력이 있다. 그러나 패턴을 벗어나는 것은 기차가 원래의 선로에서 다른 선로로 전환해 달리는 것처럼 어마어마한 일이다. 이때 선로전환기가 훌륭하게 제 몫을 해야만 사고 없이 일이 순조롭게 진행된다. 물론 선로를 잘 바꾸면 새로운 길을 향해 나아갈 수 있다.

이 책이 마치 기찻길의 선로전환기처럼 당신이 삶의 방향을 바꾸는 데 중요한 역할을 해주면 좋겠다. 이제 당신이 지니고 있는 돈의 패턴, 즉 머니패턴은 무엇인지 살펴보고 행복한 부자로 나아가기 위한 방법을 찾아가보자.

제 장

머니패턴이 인생을 바꾼다

부자 머니패턴 vs 가난뱅이 머니패턴

제 **1** 장

머니패턴이
인생을 바꾼다

요즘 실적이 부진한 제너럴모터스와 시어스, IBM은 원래 세계 최고의 기업들이다.
이 회사들은 결정적인 잘못을 한 적도 없고 경영자가 무능하지도 않았다.
다만 과거의 성공 공식과 패턴을 조금 오랫동안 고집했다는 실수가 있었을 뿐이다.
_루이스 플래트Lewis Platt, 전前 보잉사 CEO

머니패턴이란
무엇인가

나는 월요일부터 금요일까지 알람이 없어도 보통 아침 6시에서 6시 30분 사이에 눈을 뜬다. 눈을 뜨면 바로 씻고, 아침을 먹고, 사무실에 가서 커피를 마신다.

내가 아침마다 하는 일련의 활동은 머리를 쓰는 행동이 아니다. 오랫동안 반복해서 자연스럽게 진행되는 일이다. 오전에는 보통 메일을 확인하고 다양한 곳에 전화를 걸고 코칭 등의 활동을 하다가 점심을 먹는다. 오후에는 가능하면 집중력을 필요로 하는 일을 처리한다. 이게 바로 나의 '행동패턴'이다. 행동패턴은 완전히 습관화되어 '무엇을 해야지'라고 의식적으로 생각하지 않아도 몸이 저절로 일정한 흐름대로 움직이는 것을 뜻한다.

패턴pattern이란 무엇일까? 사전적으로는 일정한 형태나 양식 또는 유형을 말한다. 생각하는 것에도, 행동하는 것에도 일종의 패턴이 있다. 2가지 모두 기본 전제는 규칙적, 반복적, 고정적이라는 사실이다. 어떤 상황이 닥쳤을 때 비슷한 방식으로 생각하거나 행동하게 되는 것이 바로 패턴이다.

그런데 생활에서뿐 아니라 돈에 대해서도 비슷한 행동패턴이 있다는 사실을 아는가?

"그 사람은 짠돌이야."
"그 사람은 충동구매를 너무 많이 해."
"그 사람은 생활비는 절약하는데 여행비는 펑펑 써."
"그 사람은 왜 돈을 잃을 것 같은 주식에만 투자하지?"
"왜 그 사람이 산 부동산은 늘 오를까?"

우리가 돈을 쓰는 것과 버는 것에도 패턴이 있다. 나는 이를 '머니패턴'money pattern이라 부른다. 머니패턴이란 돈을 버는 습관과 돈이 새어나가는 습관이 일정한 형태로 고정된 것으로, 크게 '부자 머니패턴'과 '가난뱅이 머니패턴'으로 나뉜다. 그리고 머니패턴은 성격별로 5가지로 더 세분화된다.

본격적으로 머니패턴에 대해 알아보기에 앞서, 오른쪽의 진단표를 통해 당신의 머니패턴을 찾아보자.

머니패턴 진단

다음은 당신의 머니패턴을 확인할 수 있는 진단표다. 자신의 성향에 가장 가까운 답을 따라가보자.
맨 위의 5가지 감정 중 돈이나 사람을 대할 때 가장 자주 느끼는 감정으로부터 진단을 시작한다.

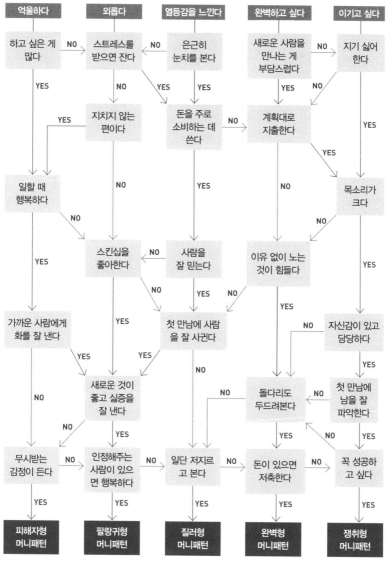

* 사람 마음속에는 1~2가지 메인 감정이 있다.
* 여러 감정이 쌍벽을 이루면 진단표 안에서 빙빙 돌 수 있다.

제공: 머니패턴코칭센터

당신의 머니패턴을 알게 되었다면 아래의 설명을 읽어보자. 여태껏 몰랐던 왜곡되고 부정적인 측면이 있다면 건강하게 치유하고 부자 머니패턴으로 바꾸는 방법을 함께 찾아보도록 한다.

질러형 머니패턴

행동: 느낌이 오면 바로 행동에 옮기는 유형이다. 일단 '지르는' 것이다. 그러다 쪽박이 날 수도, 대박이 날 수도 있다. 돈을 벌어들이는 힘도 강하고 잃는 힘 또한 강하다. 어느 정도 상대가 파악되면 지나치게 신뢰하는 바람에 정보가 정확하지 않은 상태에서 성급한 투자를 자주한다. 그 탓에 돈을 잃는 일이 많다. 억울함의 감정을 가진 사람에게 많이 보이는 유형이다.

이유: '쇠뿔도 당김에 뺀다'는 식으로 급한 성격이 돈을 대할 때도 작용한다. 어린 시절 부모가 억울하게 돈을 빼앗겼던 일이 있다거나, 자신에게 억울한 감정이 많다. 즉, 무의식감정이 '억울함'이다. 이런 과거 기억의 영향으로 빨리 보상받고자 하는 무의식이 움직여 성급하게 투자를 하곤 한다. 이런 심리를 잘 아는 사기꾼들은 질러형을 노린다.

치유: 부자 머니패턴을 갖추려면 기다릴 줄 알아야 한다. 행동이 지나치게 앞서지 않도록 멈추는 연습을 한다. 특히 직감에 의존하지 말고 정확한 정보를 찾아라. 투자에 대한 정확한 데이터를 구하고 나서 행동하도록 한다. 전문가에게 조언을 구하는 시간을 갖는 것도 아주 좋은 해결책이다. 이렇게 하면 질러형 머니패턴 유형은 다른 유형보다 빨리 부자 머니패턴에 도달할 수 있다.

팔랑귀형 머니패턴

행동: 인간관계 때문에 돈이 술술 새어나가는 머니패턴 유형이다. 이 유형은 인정받는 걸 무척 좋아하고 사람을 무조건 믿는 성향이라 돈을 잘 빌려주고 기꺼이 보증까지 서준다. 때로는 배우자의 말보다 본인에게 잘해주고 칭찬해주는 남을 더 의존한다. 사람을 믿는다는 면에서 질러형과 비슷하지만 그 정도가 질러형보다 더 심각하다.

이유: 무의식감정이 '외로움'이다. 어린 시절 부모로부터 보호를 받지 못하고 고아처럼 방치된 경험이 있을 수 있다. 반대로 뭐든 '오냐오냐' 해주는 부모의 과보호 속에서 옳고 그름을 제대로 배우지 못하고 자기중심적으로 살아온 사람도 이 유형일 가능성이 높다. 그래서 끊임없이 부족한 사랑을 채우려고 하거나 남들 앞에 자신을 드러내고 싶어 한다. 이 같은 무의식의 영향으로 사람에게 집착해서 돈을 잃어버릴 수 있다.

치유: 부자 머니패턴을 갖추기 위해서는 무엇보다 자존감이 회복되어야 한다. 어린 시절 외롭고 힘들었던 기억을 되살린 뒤 그 자리를 사랑으로 채워주어야 한다. 자신이 얼마나 소중한 존재인지, 가치 있는 존재인지, 사랑받는 존재인지 스스로 깨달아야 한다. 그러면 인간관계를 통해 돈을 벌 수 있을 뿐 아니라 따뜻하고 부드러운 면까지 겸비한 건강한 부자가 될 수 있다.

완벽형 머니패턴

행동: 완벽형은 돈을 버는 것도, 쓰는 것도 무서워한다. 저축만 할

뿐 투자를 하지 못한다. 그러니 돈이 뒤로 새지는 않지만 월급 이외에 돈이 더 들어오는 창구가 없어서 부자가 되지 못한다. 이들의 두려움은 인간관계에서 뚜렷이 나타난다. 가족 이외에 관계가 폭넓지 않다. 특히 작은 돈에 민감하다. 투자에 대한 불안감으로 정확한 정보를 찾느라 시간을 흘려보내거나 망설이다가 기회를 놓친다. 한국인에게 가장 많이 보이는 유형이다.

이유: 완벽형은 무의식감정이 '두려움'이다. 어린 시절 겪은 두려웠던 경험이 트라우마로 작용해, 성인이라도 마음속에는 두려워하는 어린아이가 있다. 두려움이 많은 사람에게 위험을 감수하는 것은 엄청난 모험이어서 결과를 완전히 예상할 수 있을 때만 움직인다. 두려움을 제거하지 않으면 돈을 회피하든지 그저 현상을 유지하는 데 그친다. 완벽형 유형은 똑똑하지만 돈과 관련해서는 능력을 발휘하지 못한다.

치유: 부자 머니패턴을 갖추기 위해서는 두려움을 직면해야 한다. 두려움을 깨는 작업으로 일부러 낯선 곳에 가보는 등 일상을 탈출해봐야 한다. 완벽하지 않아도 괜찮으니 SNS나 커뮤니티에 덧글도 달아보고, 돈을 잃지 않는 장기적인 투자를 해보는 것도 좋다. 작은 실수를 통해 심리적으로 느슨해질 필요가 있다. 그러면 점차 돈이 늘어갈 것이다. 두려움만 치유하면 얼마든지 부자가 될 수 있다.

피해자형 머니패턴

행동: 자기 돈을 잃지 않는다. 손안에 돈이 일단 들어오면 나가지 않는다. 그저 움켜쥐고 있을 뿐, 자기 자신에게조차 쓸 줄 모른다. 돈이

없는 사람이라면 끊임없이 남 탓을 한다. 여러 행동을 돈하고 결부시키고 화를 잘 낸다. 이런 행동들 탓에 피해자 머니패턴 유형의 주변에는 사람이 없는 경우가 많다.

이유: 어린 시절 가난 때문에 수치스러운 일을 당한 적이 있거나, 자린고비 같은 부모에게서 자랐거나, 어려서부터 본인이 가장 역할을 한 경험이 있다. 무의식감정이 '열등감'이며, 이로 인해 돈이 자신을 보호해줄 것이라는 생각이 마음속에 자리 잡고 있다. 돈이 없으면 남들이 무시한다는 선입견이 지배적이며 아무 때나 화를 잘 낸다. 이 유형은 거의 돈을 잃지 않는 편이지만 돈만 바라보는 성향이 원인이 되어 주변에 피해를 줄 수 있고, 따라서 소송 등에 휘말려 돈을 잃어버릴 가능성도 있다.

치유: 부자 머니패턴을 갖추기 위해서는 인간관계 속에서 행복을 찾아야 한다. 어릴 때 기억을 치유하고 일상에서 감사할 줄 알아야 한다. 돈이 자신을 지켜줄 수 없다는 사실을 받아들이고 주변을 살펴 베풀기 시작하면 심리패턴이 건강해진다. 믿을 만한 사람의 조언을 얻어 투자를 시작하면 꼭 쥐고 있던 돈이 불어나게 된다.

쟁취형 머니패턴

행동: 돈에 대해서는 겁이 없는 유형이다. 그냥 돈이 보인다. 인간관계에서도 언제 칼을 들어야 하고 언제 칼을 내려놓아야 하는지를 정확히 안다. 그런데 너무나 강한 성향이라 이 유형을 싫어하는 사람들이 있을 수 있다. 그런 안티 세력의 영향으로 하루아침에 사업이 무너지기

도 한다.

이유: 어린 시절 부모가 사업했던 경험, 부유한 가정환경에서 성장한 경험, 그러다가 가세가 기울어 고생한 경험 등이 있다. 그 덕택에 자라면서 많은 것을 배웠고 돈을 벌 수 있는 시각도 자연스럽게 갖췄다. 이 유형은 다시 사업을 일으켜서 돈을 통해 지배 구조를 손에 넣으려는 욕구가 크다. 무의식감정은 '경쟁심'이다.

치유: 선택과 집중을 해야 한다. 돈을 벌 수 있는 여러 가지 방법이 잘 보이다 보니 에너지가 분산될 수 있다. 그리고 쟁취형이 부자 머니 패턴을 갖추려면 공동체를 지향하는 방향으로 가야 한다. 자기중심적이며 다른 사람들과 조직을 지배하려는 성향을 긍정적으로 풀어야 한다. 그러려면 진정한 리더로서 성숙해지기 위해 노력해야 한다.

내 주머니에서 돈이 줄줄 새는 이유

돈을 버는 방법은 생각보다 많지 않다. 사무직이든 서비스직이든 어딘가에 고용되어 월급을 받거나, 본인이 사업 또는 투자를 하거나, 혹은 이를 겸직하는 사람도 있다. 그렇다면 돈을 쓰는 방법은 어떨까? 버는 방법보다 훨씬 다양하고 제각각이다. 계획대로 소비하는 사람도 있고, 마음이 내킬 때마다 무언가를 사는 사람도 있을 것이다. 신중하게 투자를 하는 사람도 있고, 좋은 정보라면 쏜살같이 달려가서 '묻지 마 투자'를 하는 사람도 있을 것이다.

나는 돈을 잃는 방향이 정형화되어 있는 사람이었다. 예전에는 몰랐는데, 머니패턴을 연구하면서 과거에 내가 투자할 때마다 늘 비슷한 과정이 반복되어 결국 실패하곤 했다는 사실을 발견했다.

어느 날 주식 투자로 유명한 지인에게서 연락이 왔다. 꼼꼼하면서도 정확한 분석과 투자로 많은 이익을 본 사람이라 나는 늘 그의 투자론을 믿고 있었다. 그는 저평가된 중국 주식을 추천했다.

"굉장히 좋고 튼튼한 회사인데 저평가되어 있어요. 돈이 있으면 투자하는 게 좋을 듯합니다. 저는 지금 수중에 자금이 부족해서 투자를 못 합니다. 좋은 정보를 알려드렸으니 수익이 나면 30퍼센트를 저한테 주세요."

고급 정보를 알려준 그의 선의가 너무나 고마웠다. 마침 현금을 어느 정도 갖고 있었던 터라 앞뒤 재지 않고 바로 그 주식에 투자했다. 그러고선 '1년 뒤면 얼마가 들어올까?'라는 꿈에 부풀어 지냈는데, 시간이 흐르면서 조금씩 불안해지기 시작했다. 신문기사에 그 회사에 대한 좋지 않은 소식이 자주 눈에 띄었다. 주식 가격은 급속하게 떨어지기 시작했고 어느새 반 토막이 나고 말았다. 하는 수 없이 손해를 보고 팔아버리는 수밖에 없었다.

주식을 소개했던 지인은 나중에 면목 없어 하며 이렇게 이야기했다.

"투자를 하면 70퍼센트는 성공을 하고, 30퍼센트는 실패를 하는데, 하필이면 그 주식이 그랬네요."

누구를 원망할 것인가. 남의 말 한마디에 제대로 알아보지도 않고 무작정 투자한 나를 탓할 수밖에. 사람은 원래 하나에 꽂히면 다른 것들을 잘 못 본다. 나도 '플러스'적인 부분만 생각했지, 만에 하나라도 생길 '마이너스'는 전혀 예상하지 못했다. 나중에야 '진짜 좋은 기회였다면 어떻게 해서든 본인이 먼저 투자하지 않았을까?'라는 생각을 했지만 말이다.

1년에 수백 차례 강연을 하고 세미나를 진행하다 보니 자연스럽게 사람을 만날 기회가 많고, 그만큼 다양한 주식 정보를 접하곤 했다. 하지만 앞서 소개한 사례와 같은 일들이 자꾸 반복되자 자연스럽게 '그래, 나는 주식 운이 없는 사람이야'라고 여기게 됐다. 이런 고정관념은 이후에 좋은 정보를 듣고도 정확한 판단을 내리는 것을 훼방 놓았다.

한번은 10년을 넘게 나와 친하게 지낸 컨설팅사 대표가 연락을 해왔다. 중소기업 회장과 골프를 쳤는데 그 회장이 샷을 날리면서 정보를 흘렸다고 했다.

"우리 회사 주식을 사게. 그리고 내가 팔라고 하면 그때 팔게. 곧 우리 회사를 중견기업에서 인수한다는 소리가 뉴스에 나올 거야."

컨설팅사 대표는 단 2명에게 정보를 공유했다. 한 사람은 나였고, 다른 사람은 어느 대학교수였다. "대표님, 귀한 정보 고맙습니다."라고 감사 인사는 했지만 나는 투자하지 않았다. 주식은 더 이상 쳐다보는 것조차 싫었다.

그때 그 회사 주식은 6천 원이었다. 그런데 몇 달 후 정확히 2배로 올랐다. 나는 땅을 치며 후회를 했고, 1억 원어치 주식을 산 대학교수는 하늘을 날 듯 기뻐했다.

머니패턴을 쥐락펴락하는 심리패턴에 주목하라

당신에게는 돈과 관련된 어떤 패턴이 있는가? 이것은 심리패턴을 알면 보다 분명해진다. 정말 멋진 페라리 스포츠카를 몰고 가는 20대를 발견했다고 치자. 어떤 생각이 드는가?

'저런 건 얼마나 할까? 죽기 전에 한번 타볼 수나 있을까?'라며 부러워할 것 같은가?

'부모가 부자인가 보네'라며 왠지 모를 좌절감을 느끼게 될까?

'어쭈, 머리에 피도 안 마른 것이 좋은 차를 타다니…' 하는 공격적인 감정이 마음속에서 일어날까?

'와! 진짜 멋지다'라며 부정적 감정에 휩싸이지 않은 채 감탄할 것 같은가?

같은 광경을 봐도 사람마다 각자 다른 감정으로 반응한다. 이런 감정은 마음속 깊은 곳, 즉 무의식에서 곧바로 올라온다. 사람의 무의식적인 감정은 크게 억울함, 외로움, 두려움, 열등감, 경쟁심 등 5가지로 구분할 수 있다. 이를 체계화한 용어가 '무의식감정'이다. 무의식감정은 심리패턴과 행동패턴의 근간이고, 이는 돈과 관련한 머니패턴에도 큰 영향을 미친다. 이에 대해서는 제3장에서 본격적으로 다루겠다.

우리가 하는 행동들을 생각해보면 머리로 생각하고 실행하는 것보다 자연스럽게 나오는 것들이 더 많다. '자연스럽게'라는 말은 바꿔 말하면 '무의식적으로'다. 어떤 사람을 처음 보고도 '내 스타일'이라고 파악하는 것은 논리적인 분석의 결과가 아니라 설명할 수 없는 무언가에 의한 판단이다.

돈과 관련해 결정할 때도 무의식감정이 영향을 미친다. 능력이 있는데도 굳이 작은 회사에 들어가는 사람이 있다. 일을 크게 벌이면 분명 더 많은 돈을 벌 수 있는데도 사업을 확장하지 않고 '내 분수에는 이게 맞아'라며 만족하는 사람도 있다. 반대로 분명히 경제적 어려움을 겪을 것이 뻔한데도 "마음이 허해서 견딜 수 없어."라며 본인의 월급 이상으로 신용카드를 긁는 사람도 있다.

나의 머니패턴은 어떤 것이었을까? 마음속 무의식감정을 들여다보고 심리패턴과 행동패턴을 분석한 결과, 나는 '열심히 번 돈으로 투자해서 손해를 보고, 누군가에게 돈을 빌려줬다가 돌려받지 못하는 패턴'을 가지고 있었다. 뒤에서 다루겠지만 이를 알아차리기 전까지 나는 계속 돈을 모았다가 잃는 경험을 반복했다.

머니패턴에는 여러 심리 현상이 복합적으로 작용한다. 손해를 봤을 때, 좋은 일을 겪을 때의 기쁨이나 이익보다 2배 이상 강한 아픔을 느끼는 '손실 회피의 법칙'low of loss aversion 은 그중 하나다. 사람들은 이익이 투자금의 2배 이상으로 예측되지 않으면 선뜻 행동으로 옮기지 않는다. 자신이 갖고 있는 것을 실제 가치보다 높게 평가하는 '초기 보유 효과'endowment effect도 머니패턴에 많은 영향을 미친다. 이 효과는 노벨 경제학상을 받은 미국 경제학자 리처드 탈러Richard Thaler가 발견했다. 그는 1병에 5달러에 구매한 와인을 50달러 이상에 팔아서 이익을 남길 수 있는데도 그렇게 하지 않는 사례를 들면서 이런 결론을 내렸다. "사람들은 보유하고 있는 것에 특별한 가치를 부여하는 자기중심성이 있다." 그뿐만이 아니다. '지금까지 해온 게 너무 아까워'라며 과거에 들였던 시간, 노력, 돈에 집착한 나머지 이성적인 판단을 하지 못하는 '매몰 비용의 함정'sunk cost도 있다. 이 함정은 우리가 합리적인 판단을 하지 못하도록 가로막는다.

이처럼 우리의 선택이나 행동은 자신도 모르는 사이에 수많은 심리 현상의 영향을 받는다. 무의식중에 '지금도 딱히 나쁘지 않은데 굳이 바꿀 필요가 있나?'라고 생각하게 만드는 것이다.

이제 가난뱅이 머니패턴과 결별할 때

오래전 이야기를 해보겠다. 우리 부부가 결혼할 때였다. 우리는 패물조차 주고받지 않고 결혼했을 만큼 양가 모두 넉넉하지 않았다. 나는 거의 맨몸으로 장가를 갔고, 증권사에 다니던 아내가 살림살이를 샀다. 우리는 장인어른이 6천만 원에 구입하셨던 아파트에서 신혼 생활을 시작했다. 우리가 그 아파트에 거주한 지 3년쯤 지났을 무렵, 아파트 재건축을 시작한다는 이야기가 돌았다. 당시 아파트 시세는 1억 2천만 원이었다. 장인어른은 본인에게 6천만 원만 주고 소유를 이전하라고 하셨다. 시세의 절반 가격으로 집을 살 수 있는 절호의 기회가 주어진 것이었다.

그러나 나는 '빚은 파산이다'라는 생각을 늘 해왔었다. 대출해서 아파트를 사는 일은 세상이 무너져도 할 수 없었다. 이런 겁쟁이가 무엇을 할 수 있겠는가. 당연히 우리는 다른 곳으로 이사를 갔고, 장인어른은 그 아파트를 그냥 매매하시고 말았다. 이후 롯데건설이 재건축을 진행했는데 시세가 무려 4배 이상 껑충 뛰었다.

돈을 벌 수 있는 기회가 꽤 있었음에도 불구하고 번번이 놓친 내 머니패턴은 무엇인가? 내가 그런 선택을 한 이면에는 무의식중에 작동하는 왜곡된 심리가 있었다. 무지하기도 했지만 돈에 대한 두려움이 그 무지를 낳았다고 하는 것이 더 맞을 것이다. 사실 나는 어렸을 때부터 '누구는 사채를 써서 패가망신했다더라', '돈을 빌렸는데 못 갚아서 잡혀갔다더라' 하는 소리를 많이 들으며 자랐다. 그래서 돈을 빌리면 나도 그렇게 될 수 있다는 두려움이 있었다. 하지만 빚을 지는 게 무조건 나쁜 것만은 아니라는 사실을 훗날 깨달았다. 빚을 이용해 재테크를 한다는 '빚테크'라는 말도 있지 않은가. 갚을 능력도 안 되는데 무턱대고 많은 빚을 져서는 안 되겠지만 대출 금리보다 높은 수익을 낼 수 있다는 확신이 서면 빚 또한 충분히 자산이 될 수 있다. 빚을 지지 않으려다 오히려 나처럼 돈을 잃는 결과를 초래할 수도 있다.

돈을 잃는 패턴에는 여러 가지가 있다. 두려워서 아무것도 못 하는 패턴일 수도 있고, 노력 없이 빨리 벌 수 있는 허황된 것에만 투자하는 패턴일 수도 있으며, 힘들여 번 돈이 뒤로 계속 빠져나가는 패턴일 수도 있다. 어떤 사람의 머니패턴은 인정받기 위해 작동하고, 어떤 사람의 머니패턴은 성취하기 위해 작동한다. 또 어떤 사람은 안정을 위해 돈을 꼭 쥐고 두려워하기도 하며, 자신의 소비 욕구를 만족시키기 위해 돈을 다 써버리는 경우도 있다. 사람마다 돈의 패턴은 각자 다르게 나타난다.

당장 당신의 머니패턴을 점검해보라. 혹시 당신도 돈을 잃는 패턴을 반복하고 있지는 않은가? 그 상태로는 절대로 부자 머니패턴을 가질 수 없다. 반드시 지금까지 지녔던 패턴을 제거해야만 한다.

다행히 머니패턴은 바꿀 수 있다. 지금 가진 게 아무것도 없는 사람도 상관없다. 부자 머니패턴을 만들기 위해 자신의 무의식을 들여다보고 받아들여 성공한 사례도 많다. 자신의 문제를 인지하기 시작했다는 것, 그것이 중요하다.

행복한 부자
머니패턴을 배워라

돈은 대체 무엇인가? 부자와 가난뱅이에게 돈에 대해 물으면 이렇게 대답한다.

부자: "돈은 유지하거나 불려야 하는 것이다."
가난뱅이: "돈은 쓰는 것이다."

당신의 대답은 어느 쪽인가? 진짜 부자는 돈을 관리하고, 유지하고, 증식하기 위해 노력한다. 가난한 사람들은 소비에만 초점을 맞춘다. 단순히 돈을 벌기 위해서만이 아니라 더 잘 벌고, 더 잘 쓰기 위해 노력하는 사람을 나는 '행복한 부자'라고 부른다. 우리가 돈을 버는 궁극적인 이유는 행복하게 잘 살기 위해서이기 때문이다.

머니패턴을 들여다보기 시작하면서 제일 먼저 한 일은 결단이었다. 나는 더 이상 과거의 방식대로 살지 않기로 결심했다. 그 결심이 행동을 자극했고, 돈에 대한 관점이 바뀌기 시작했으며, 재정 상태는 점점 더 좋은 방향으로 나아갔다. 이 과정에서 나는 부자로부터 6가지 원칙을 배웠으며 내 이야기와 함께 이를 나누고자 한다.

지나간 일은 잊고 부자의 말에 귀 기울여라

첫째, 부자는 지나간 나쁜 일은 빨리 잊는다. 우리는 잘나갈 때 평생 잘나갈 것이라고 착각한다. 나 또한 그랬다. 1990년대 후반 나는 국내 웃음치료사 1호로 한국웃음연구소를 설립했다. 기업에서 재미경영을 도입하는 등 당시 주목받는 분야에서 최초의 전문가, 명강사, 명상담가로 이름을 떨치면서 강의로 매월 5천만 원 이상을 벌었고 7명의 직원까지 두었다. 그렇게 10여 년간 전성기를 누렸다. 그러나 경쟁 업체들이 하나둘 생겨나면서 사업을 축소해야만 하는 지경에 이르렀다. 고난이 유익이라지만 너무나 힘든 시간이었다. 가장으로서 식구들을 먹여 살리기는 해야 하는데, 이 나이에 대체 무엇을 해야 하나 하는 생각에 가슴이 먹먹했다. 희망이 없다고 생각하자 절망적인 일만 벌어졌다.

그러다 마음을 다스리기 위해 독서를 하며 새로운 발견을 했다. 하버드대학교 경제학 교수인 데이비드 랜즈David S. Landes의 말이다.

"이 시대의 부자들은 모두 낙천주의자다. 그들이 항상 옳아서가 아니라 긍정적인 생각을 하기 때문이다. 심지어 그들이 하는 일이 틀렸을 때도 그들의 태도는 여전히 긍정적이다. 긍정적 사고야말로 그들이 목적을 달성하도록 하고, 스스로를 개선시켜 결국 성공에 이르게 만든다."

이민규 아주대학교 심리학과 명예교수 또한 저서《실행이 답이다》에서 "우리의 생각은 행동을 결정하고, 우리의 행동은 운명을 결정한다. 이처럼 자신에 대한 규정이 행동을 결정하고 나아가 운명까지 결정하는 것을 '자기규정 효과'self-definition effect라고 한다."고 했다.

독서를 통해 이 같은 인사이트들을 얻으면서 나는 몇 번의 재정적인 실패를 경험한 뒤 생겨난 부정적인 생각을 없애기로 했다. 머니패턴을 바꿔 재정을 새롭게 정비하기로 결심한 것이다.

둘째, 부자는 부자의 말에 귀 기울인다. 머니패턴을 바꾸기로 결심한 뒤 첫 번째로 한 행동은 살던 아파트에서 나와 이사를 하는 것이었다. 당시 나는 사업에 실패한 상태였다. 그래서 47평 아파트와 70평 사무실을 손해 보고 팔았고, 남은 자산이라고는 몇 억짜리 전셋집뿐이었다. 시세보다 1억 원 정도 싸게 살던 중이었으나 종잣돈을 깔고 있다는 것이 너무나 아깝게 느껴졌다.

이때부터 본격적으로 부동산에 대한 책을 읽으며 공부를 시작했다. 특히 부동산으로 100억대 자산을 일군 사람을 비롯해서 돈에 밝은 여러 사람들에게 조언을 구했는데 그러면서 놀라운 사실을 깨달았다. 그들의 해결책이 거의 동일했던 것이다. 그리고 그들 또한 또 다른 부자들의 말에 귀를 기울인다는 사실도 알게 되었다.

플랜 B를 세우고 가능성에 집중하라

셋째, 부자는 반드시 플랜 B를 세운다. 부자는 한 가지의 행동이 낳게 될 여러 변수를 고려하면서 이후 어떻게 할지까지 미리 고민을 한다. 나도 이 원칙에 따라 서울 동작구의 아파트에서 강서구에 위치한 46평 부지의 한 주택으로 이사했다. 4채의 집을 전세 놓을 수 있는 다가구를 선택한 것이다.

　현실적으로 동작구 아파트의 전세금으로 주택을 산다는 것은 불가능에 가까웠다. 예전 같으면 이사는 어림없다며 도전할 생각조차 못 했겠지만 나는 어떻게 하면 부족한 돈으로 살아갈지를 치열하게 고민했다. 강서구의 주택이 위치한 곳은 재건축 지역 선정이 미뤄져서 잠시 집값이 떨어진 상태였고, 교통이 좋고 주변에 일자리가 많았다. 만약 재건축 지역으로 선정되지 않는다면 원룸, 투룸으로 7층 건물을 짓는 것을 플랜 B로 마련했다. 이로써 나는 익숙한 삶을 포기하고 새로운 곳에서 생활을 시작하게 됐다.

　경기도 용인에 70평대 아파트를 산 친구가 있다. 시세가 35평과 별 차이가 없다면서 덜컥 구입했다. 그 친구 말로는 "우선 전세금 빼고 나서 4천만 원이면 충분하기 때문에 부담 없다."고 했다. 과연 투자금이 적게 들었으니 집을 잘 산 걸까? 이럴 때 부자는 플랜 B를 고려하면서 집의 활용도를 따져본다. 법적으로 이 집을 두 집으로 분할할 수 있는지, 아니면 주변에 일자리가 풍부해서 전세를 꾸준하게 놓을 수 있는지 등을 살펴보면서 말이다. 이런 제2의 안들이 충분할 때 머니패턴은 돈을 잃는 가난뱅이 머니패턴에서 돈을 버는 부자 머니패턴으로 바뀐다.

넷째, 부자는 가능성에 집중한다. 지금 내가 살고 있는 집은 강남 타워팰리스에 사는 한의사가 10년 동안 소유했던 곳으로, 재건축 지역 선정이 늦어지는 바람에 시세가 오르지 않은 데다가 세입자까지 속을 썩여 급매로 내놓은 집이었다. 당시 내 상황은 썩 좋지 않았다. 하지만 여러 상황을 신중히 따져보고 심사숙고해서 결정을 내린 덕분인지 몇 년 지나지 않아 서서히 집의 가치가 오르기 시작했다. 아마 이전과 동일하게 생각하고 행동했더라면 나는 여전히 2년마다 대출받아서 전세금을 올려주며 살았을 것이다.

한편으로는 큰 가능성을 보는 눈이 일찍 트였더라면 더 많은 기회를 잡았을 거라는 아쉬움도 남는다. 우리 집에서 큰길 하나만 건너면 되는 지역 이야기다. 2015년 3억 5천만 원에도 미분양이었던 아파트가 지금은 12억 원이 넘는다. 그즈음 우리 부부는 "수중에 3억 5천이 어디 있어…"라며 절호의 기회를 놓쳐버렸다. 동작구 아파트의 전세금으로 큰길 건너의 아파트로 이사 갔더라면 자산의 가치를 몇 배로 증식시켰을 뿐 아니라 남은 돈으로 투자까지 할 수 있었을 것이다. 이것이 부자와 아닌 사람의 생각 차이다. 이와 같은 상황에 부자는 가능성에 집중한다. 포기하는 대신 '그렇다면 어떻게 해야 그 아파트로 이사 갈 수 있을까?'에 대한 해답을 찾는다.

행동하고 현명하게 소비하라

다섯째, 부자는 생각에만 머물지 않고 행동한다. 행동하지 않으면 허상일 뿐이다. 머니패턴 세미나를 통해 돈에 대한 두려움을 극복한 40대 후반의 여성이 있다. 그녀는 딸이 영국의 한 대학에 입학하면서 1년 학비와 생활비 1억 2천만 원을 구해야 했다. 하필 한창 사업에 투자하느라 수중에 돈이 떨어진 상태여서 발을 동동 구르며 고민하던 그녀는 이렇게 마음을 정리했다.

'내가 잃어버렸거나, 내가 빼앗겼거나, 내가 알지 못하는 돈이 있으면 돈아, 당장 돌아와라.'

누군가는 그냥 웃기는 일이라고 생각할 것이다. 그러나 사람은 생각만 하지 않고 언어로 목표를 형상화하고, 그것에 대해 계속 생각하면 원하는 대로 세상을 바꿀 수 있는 놀라운 존재다.

그 여성에게 기적이 벌어졌다. 갑자기 잠을 자는데 예전에 미국 주식에 투자했던 통장이 떠오른 것이다.

'한 500만 원 정도는 남아 있지 않을까?'

한 푼이 아쉬운 상황이라 새벽 2시에 벌떡 일어나 미국에 전화를 했다. 너무 오래되어 계좌나 비밀번호조차 기억이 안 났으나 그래도 문을 두드려본 것이다. 전화 연결이 된 은행원이 말했다.

"너무 오랫동안 계좌를 안 써서 내일이면 인출이 정지될 예정이었습니다."

인출 정지된 계좌를 정상 거래 계좌로 되돌리려면 복잡한 절차를 거쳐야 하는데 천만다행이었다. 그리고 정말 놀라운 것은 계좌 잔액이었다. 통장에는 무려 6천만 원이나 들어 있었다!

놀라운 일은 또다시 벌어졌다. 며칠 지나지 않아 동생에게 전화가 왔다.

"누나, 내일 시간 돼? 저녁에 집에 좀 들를게."

그녀는 전화를 받고 상당히 짜증이 났다. 보통 동생이 전화를 하면 돈을 빌리러 오는 것이기 때문이었다.

'얘는 또 왜 오는 거야. 이젠 두 번 다시 돈을 안 빌려줄 거야! 이제까지 빌려주고 못 받은 돈이 얼마인데.'

저녁에 그녀를 찾아온 동생은 갑자기 흰 봉투를 내밀었다.

"누나, 돌아가신 아버지 땅이 팔렸어."

그 돈이 정확하게 6천 만 원이었다. 연이은 기적으로 그 여성은 무사히 딸의 학비를 치를 수 있었다.

이 이야기를 읽은 당신은 어떤 생각이 드는가? "말도 안 돼!"라고 부정하게 되는가? 아니면 "그래, 그럴 수 있어. 세상에는 별의별 일들이 일어나니까."라며 상황이 어렵지 않게 이해되는가? 내가 실화라고 하면서 직접 들려줘도 반응이 둘로 나뉜다.

그런데 중요한 점은 이것이다. 부자 마인드를 지니고 있다면 "그럴 수 있다!"라고 반응한다는 것이다. 물론 이 일은 기적 같은, 1백 명에 1명쯤, 1천 명에 1명쯤 나타날까 말까 한 드문 사례임은 분명하다.

내가 이런 특이한 사례를 굳이 이야기하는 까닭은 부자 머니패턴에는 행동이 뒤따른다는 것을 알려주고 싶기 때문이다. 부자는 생각만 하지 않는다. 적극적으로 행동해서 내 손에 없던 돈, 잃어버렸던 돈, 잊고 있던 돈도 끌어온다. 행동을 해야 돈이 온다. 행동하는 심리가 돈을 끌어당기는 것이다.

사례 속 여성은 생각이 떠오른 즉시 행동했다. 그리고 행동해서 스스로 기적 가까이로 다가갔다. 곰곰이 생각해보라. 자신의 삶에 기적이 일어나지 않는 이유가 혹시 자신에게 있는 건 아닌지 말이다.

여섯째, 부자는 종잣돈을 중요하게 여긴다. 머니패턴을 바꾸고 나서 '저축'에 대해서도 다시금 생각하게 됐다. 이전까지는 '은행 이자는 얼마 안 되는데?'라며 저축을 가볍게 여겼다. 그러나 부자에게 저축의 의미는 이자 수익을 얻기 위함이 아니다. 투자를 위해서는 종잣돈을 만들어야 하는데 그러려면 반드시 목표 금액을 정하고 모아야 하기 때문이다. 그들에게 저축은 잠시 돈을 묶어두는 수단이다.

주위 사람들에게 "저축하세요?"라고 한번 물어보자. 십중팔구 저축할 여유가 안 된다고 이야기할 것이다. 나도 그렇게 생각했다.

'저축? 애가 셋이고, 더구나 큰애는 유학 중인데 아이들 학비 내고 나면 저축할 돈이 어디 있어?'

이런 생각이 나를 가난의 쳇바퀴 속에 가둔다는 사실을 과거에는 몰

랐다. 저축 후에는 무조건 소비가 이뤄지는 습관을 들여야 한다. 종잣
돈이 있어야 재산을 늘릴 수 있다. 이것이 부자 머니패턴으로 가는 출
발점이다.

머니패턴을 깨닫고 삶을 꾸준히 변화시키면서 나는 돈의 의미를 '증
식'에 두게 됐다. 그때까지 돈은 '버는 것'이라는 생각만 했지 '관리하
고 늘리는 것'이라는 생각을 전혀 하지 못했다. 드디어 나는 부자 머니
패턴의 출발점에 서게 됐다.

가난뱅이 머니패턴을
버려라

스스로 삶을 바꾸지 않으면 변화는 절대 찾아오지 않는다. 자신의 머니패턴이 가난뱅이 머니패턴이라면 부자 머니패턴을 덧씌워야 한다. 그런데 우리는 왜 부자 머니패턴을 원래부터 가지고 있지 않은 것일까? 그 이유를 알아보자.

우리 집 5분 거리에는 지하철 5호선과 9호선 역이 있다. 지하철로 이동할 때는 목적지와 약속 시간을 잘 따져서 타야 하는데 나는 습관적으로 9호선을 타곤 한다. 5호선보다 9호선을 타는 일이 더 많아서 그게 익숙하기 때문이다. 이처럼 나는 왼쪽으로 움직이고 싶은데, 내 삶이 계속 오른쪽으로 가려고 한다면 자기 발의 방향을 다시 살펴야 한다.

삶은 고민하고 신경 쓰지 않으면 늘 해왔던 방식대로 움직인다. 여기에는 심리패턴이 큰 역할을 한다. 심리패턴은 다음과 같은 특징을 가지고 있다.

- 무의식적으로 우리의 행동을 결정한다.
- 과거에 억압된 감정들이 그대로 남아서 생긴다.
- 의식보다 훨씬 더 큰 에너지장이다.
- 우리의 감정, 사고, 행동을 지배한다.
- 대물림되어 습관과 행동양식으로 전수된다.

그렇다고 심리패턴에 순응해서 살아야 하는가? 절대 그렇지 않다. 가지고 있는 심리패턴 위에 새로운 심리패턴을 입히면 과거의 심리패턴을 얼마든지 바꿀 수 있다.

심리패턴은 대부분 어린 시절 양육자의 태도에 의해 결정되는 경우가 많다. 심리패턴이 좌우하는 머니패턴도 마찬가지다.

눈 내린 마당에 뿌려진 아버지의 월급봉투

나의 아버지는 교사셨다. 당시 교사의 월급은 굉장히 적었기 때문에 외벌이로 6남매 자식을 키우기란 쉽지 않은 일이었다. 어머니는 부잣집 딸로, 손에 물 한 방울 묻히지 않고 자라오셨으나 집안 분위기상 여자라는 이유로 학업을 계속할 수 없었다. 외할머니는 몰래 교복을 입고 학교에 다니는 딸을 발견하고, 눈앞에서 그 교복을 갈기갈기 찢어버렸다고 한다. 그게 평생의 한이 된 어머니는 우리 6남매를 모두 대학까지 보내는 것을 일생의 목표로 삼으셨다. 하지만 경제 상황이 따라주지 않았다. 빠듯한 살림에 자녀들을 공부시키기가 힘들었던 어머니는 늘 아버지에게 월급이 적다며 바가지를 긁었다. 6남매 중 막내였던 내가 보고 자랐던 것은 돈 문제로 두 분이 자주 다투는 모습이었다.

머니패턴은 어떻게 만들어지는가? 돈에 대한 최초의 강렬한 기억이 아주 중요하다. '돈' 하면 머릿속에 가장 먼저 떠오르는 생각 말이다.

내게는 초등학교 1학년 때 일어난 사건이 아주 강렬히 각인됐다. 추운 겨울날 밤이었다. 그날도 아버지와 어머니가 돈 때문에 다투셨다. 월급날이었던 것 같은데, 노란 월급봉투 속 돈이 너무 적다면서 어머니가 먼저 언성을 높이셨던 것 같다.

무척 화가 나신 아버지는 월급을 창문 밖으로 던져버리셨다. 전날 눈이 온 상태라 온 세상이 하얗게 변해 있었는데 땅 위로 돈이 너풀너풀 날아갔다. 바람이 쌩쌩 부는 까만 밤, 나와 누나는 소중한 돈이 날아갈까 싶어 쏜살같이 밖으로 달려 나갔다. 그러고는 아무 말도 없이 흩어진 돈들을 주워 집으로 들어왔다.

8세 꼬마였던 나는 추워서 빨개진 손을 주무르며 이런 생각을 했다.

'돈이 없으면 무시받는구나.'
'돈 때문에 사람들이 싸우는구나.'

이런 생각은 내가 자라면서 차곡차곡 쌓였다. 대학을 나오고 사회생활을 하면서도 무의식에 자리 잡은 생각들은 바뀌지 않았다.

강연 일을 시작하면서부터는 부자들을 많이 만나게 되었는데 그때도 이런 마음이 무의식적으로 발동됐다. 그들에게 식사 대접할 일이 있으면 기죽기 싫은 마음에 비싼 일식집만 골라 갔다. 나도 모르게 무시당하고 싶지 않아서 분수보다 과하게 돈을 쓴 것이다.

어느 CEO와 식사를 하던 날이었다. 그 자리에서 30만 원짜리 밥을 먹었는데, 식사비를 지불하려는 내게 CEO가 말했다.

"오늘은 제가 내겠습니다. 소장님, 그런데 바꾸셔야 할 게 하나 있네요. 앞으로 누구를 만나든, 어떤 정보나 도움을 얻더라도 이렇게는 돈을 쓰지 않으셨으면 합니다. 자신의 위치에 맞게 돈을 쓰는 것, 그리고 가능한 한 적게 쓰는 것, 그것이 돈을 버는 가장 중요한 방법입니다. 돈을 필요 이상으로 많이 쓰고 있다면 왜 그런지 꼭 한번 진지하게 생각해보세요."

순간, 도끼로 머리를 맞은 듯한 충격을 받았다. 그 말이 백 번 맞았다! 고마운 마음을 표시하거나 부탁을 하는 상황도 아닌데 왜 그 CEO보다 훨씬 적게 돈을 버는 내가 그런 소비를 하는가. 그와 헤어져 돌아오는 길에 지난날이 주마등처럼 스치면서 내게 일정한 머니패턴이 있음을 뼈저리게 깨닫게 됐다. 나는 돈을 자존심을 세우는 수단으로 사용해왔던 것이다.

돈과 아버지 그리고 나

머니패턴은 특히 아버지와의 관계에서 결정되는 경우가 많다. '아니, 대체 돈과 아버지가 무슨 관계지?'라는 의문이 들 것이다. 스스로 인생을 책임질 수 없었던 어린 시기, 아버지가 가정 재정에 '공급의 원천'이었다는 점을 생각해보면 이해가 될 것이다. 아버지와 자신과의 관계, 아버지가 돈을 대하고 다루던 태도는 마음속 깊게 자리 잡아 무의식적으로 계속 영향을 미친다.

물론 가정마다 사정이 다르므로 재정을 반드시 아버지가 책임지지 않았을 수도 있다. 그렇다면 어머니, 형제자매 혹은 조부모 등 돈을 벌어 가정을 책임졌던 사람과의 관계, 그 사람의 돈에 대한 태도에 주목하자. 자신의 머니패턴을 변화시킬 실마리가 거기에 있다.

만약 현재 돈의 흐름이 좋지 않거나 막혀 있다면 부모와의 관계를 진단해야 한다. '나는 아버지(혹은 또 다른 공급의 원천)와 관계가 원만했는가?'를 질문하고 해답을 찾아가야 한다.

내 고향은 안동이다. 정말 보수적인 곳이다. 초등학교 다닐 때 언젠가는 급훈이 이랬다. '과묵'. 돌이켜보면 아직 어린 초등학생들에게 전혀 어울리지 않는 급훈이었다. 동네나 학교 분위기는 물론 아버지까지 무척 보수적이고 엄하셨다. 밥상머리에서 아버지께 어찌나 자주 혼났는지 모른다. 나 또한 고집이 세서 사랑의 매를 많이 맞았다. 이러다 보니 나는 사실 아버지와 관계가 좋지 않았다. 어머니에게는 돈을 달라는 말을 했어도, 아버지에게는 그런 소리를 전혀 하지 못했다. 성인이 되어서도 아버지와 전화할 때는 손을 덜덜 떨며 말을 더듬을 정도였다. 내 직업이 자신감과 자존감을 살리는 대중 강사였음에도 말이다.

앞에서 털어놓았던 것처럼 사업 문제로 경제적으로 아주 어려운 상황에 처했을 때도 차마 아버지에게는 손을 벌릴 수 없었다. 아이 분유 값조차 없을 지경이었는데 말이다. 당연히 명절 등에 본가에 가서 아버지와 단둘이 시간을 보낸 적도 없다. 심지어 30대 시절 얼굴에 풍이 오기까지 했는데 당시 고향의 가족에게는 이 사실을 알리지 않았다. 그만큼 아버지는 내게 피하고만 싶은 존재였다.

이후 내가 아버지와 거리감을 느끼는 것처럼 돈에 대해서도 거리감을 느끼고 있다는 사실을 알고 깜짝 놀랐다. 어릴 적 우리 가정, 나아가 내 재정의 공급자가 아버지였기에 당연한 결과였지만, 마음속 깊이 그토록 오랜 시간 동안 그 거리감이 내 인생을 지배해왔다는 점이 경악스러웠다. 아버지를 피하고 싶듯 돈도 피하고 싶었으니 아무리 돈을 벌었어도 술술 빠져나갔던 것이다. 아버지와 나와의 거리는 돈과 나와의 거리와 똑같았다. 돈은 아버지에게 받지 못한 결핍된 감정을 채우는 또 다른 수단일 뿐이었다.

부자 머니패턴으로
새롭게 태어나다

얼마 전 소그룹으로 머니패턴 세미나를 진행했다. 참석자 몇몇은 지금 당장이라도 많은 돈을 벌 수 있는 요건과 상황을 갖춘 사람들이었지만, 그럼에도 그다지 부유하게 살고 있지 못했다. 옛날에 내가 그랬던 것처럼 그들도 능력과 끼를 살리지 못하고 있던 것이다.

나와 오래 알고 지낸 지인은 특히 더 그랬다. 그는 서울대학교 출신으로, 파워블로거이며 우리나라 입시 및 학군 관련한 권위자다. 그에게는 특이한 점이 하나 있었다. 좋은 사업 제의가 들어와도 거의 다 거절한다는 것이다. 누가 봐도 돈을 잘 벌 수 있는 사람이었건만 그는 이상하게 돈 버는 일에 별로 관심이 없었다. 그 이유가 너무 궁금해서 나는 세미나에 참석해달라고 요청했다.

돈을 마다하는 그 남자의 심리패턴

세미나 중에 참석자들의 심리패턴을 들여다보는 시간이 있었다. 그 과정에서 지인의 무의식에는 돈을 회피하는 심리패턴이 굳게 자리 잡고 있음을 알게 됐다. 사람들과 다양한 질문을 해가며 노력한 결과 그의 입에서 다음과 같은 대답이 나왔다.

"돈은 지식의 세계보다 열등하다고 생각해요."
"돈이 있으면 사람이 나쁜 길로 빠질 수 있잖아요."
"돈을 노동의 대가 없이 벌면 나쁜 겁니다."

그는 스스로 이야기하면서도 놀라워했다. 지금까지 본인이 그런 생각을 하고 있는지조차 미처 알지 못했다고 했다. 첫 번째와 두 번째 심리패턴을 바꾸기 위해 질문하고 답하는 과정을 반복했다. 그렇게 하나하나씩 깨야 새로운 심리패턴이 과거의 심리패턴을 덮을 수 있다.

세 번째 심리패턴을 깨기 위해 나는 세미나에 참석한 사람들에게 도움을 요청했다. 새로운 경험을 하기 전에는 그동안 자신이 갇혀 있던 사고의 틀을 깨는 과정이 반드시 선행되어야 한다.

"자, 각자 돈을 조금씩 걷어서 저분에게 줍시다. 특별한 대가 없이도 돈이 들어올 수 있다는 것을 여기서 직접 경험하게 해주는 거지요."

이 말에 참석자들은 지갑에서 5천 원, 1만 원을 꺼내주었다. 나도 돈을 보탰더니 순식간에 20만 원이 넘게 모였다. 그 돈을 건네자 그는 난감해했다.

"아무것도 한 거 없이 어떻게 이 돈을 받아요. 너무 부담스러워요."

그는 한참 동안 돈을 쳐다보지도 못하고 자기 주머니에 넣지도 못한 채 전전긍긍했다. 나는 그에게 이야기했다.

"노동의 대가 없이도 얼마든지 돈을 벌 수 있습니다. 그것이 바로 부자의 시스템입니다."

가만히 사람들이 모아준 돈을 보던 그는 그 돈이 선물임을 인식한 뒤에야 주머니에 넣었다. 나는 그가 돈을 주머니에 넣는 모습을 확인한 뒤 덧붙였다.

"이 돈은 누군가에게 기부하거나 남을 위해 쓰면 안 됩니다. 꼭 자신을 위해 써야 해요. 먹고 싶은 걸 먹거나 옷을 사거나 다른 사람이 아닌 자기 자신을 위해서만요."

그는 웃으며 "공돈은 바로 나가야 한다고 들었어요. 좀 전에 사실은 기부할까 생각했었어요."라고 대꾸하더니 꼭 내 말대로 하겠다고 대답했다. 그날 밤, 문자가 왔다.

"소장님, 쉑쉑버거 사 먹고 집에 갑니다."

그의 말처럼 '공돈은 바로 나가야 한다'라는 머니패턴이 당신에게도 있는가? 흔한 세상 속설 중에 하나다. 나 또한 어린 시절부터 주운 돈이나 친척 어른들이 준 돈은 쉽게 잃어버리기 때문에 바로 써야 한다는 말을 들었다. 하지만 이는 냉철하게 따지면 충동적인 소비를 만드는 잘못된 생각일 뿐이다.

세미나에서 돈을 받는 상황, 과연 당신이라면 이런 상황에서 어떻게 반응했을까? 나는 선물이라고 판단되면 아주 감사한 마음으로 얼른 받는다. 그러나 받지 못하는 사람도 있다. 선물이 아니라 되갚아야 하는 빚으로 여겨서다. 그러면 부담감이 작용해 돈의 흐름을 막는다.

돈을 많이 벌면 탈선한다는 식의 심리패턴 또한 꽤 흔하게 나타난다. 어릴 적 돈 때문에 가정에 문제가 발생했다든지 화목하지 못한 시간을 보냈다든지 하는 사람에게서 종종 보인다.

당신이 돈을 싫어하면 돈은 당신에게 갈 수 없다. 돈의 속성이 그렇다. 돈을 애지중지하라는 얘기가 절대 아니다. 올바른 가치관 아래서 올바른 머니패턴으로 돈을 좋아해야 나도 주변도 건강한 부자가 된다는 뜻이다. 에너지는 서로 같은 것끼리 끌린다. 긍정적인 사람은 긍정적인 사람끼리 모이게 되고, 부자는 부자끼리 모인다. 반대로 가난의 에너지를 가진 사람끼리 끌리게 돼 있다. 즉, 부담감이 돈을 회피하는 현상으로 나타나는 것이다.

미국의 유명 작가인 삭티 거웨인Shakti Gawain은 저서 《깨어 있는 삶으로의 안내》에서 다음과 같이 말했다.

"돈은 상징이며 창조적인 에너지를 대변한다. 돈이 우리 인생에서 흐르는 방식은 우리 자신의 생명 에너지의 흐름과 어느 정도 함께한다. 돈이 우리에게 어떻게 작용하는가는 우리가 생명 에너지를 어떻게 다루는가를 반영한다."

돈에 긍정적인 에너지를 부여할 때 그것이 인생에도 긍정적인 영향을 미쳐 좀 더 좋은 방향으로 나아가게 해주는 원동력이 된다. 그 원동력이 돈을 모으게 하는 힘이 되는 것이다.

돈을 밀어내던 가난뱅이 머니패턴을 뒤엎다

세미나에서도 돈 받기를 주저하고 부담스러워했던 그에게 머니패턴 교정 작업을 본격적으로 진행했다. 돈을 밀어내는 숨겨진 심리패턴을 밝히기 위해 우선 돈을 벌어봤던 경험을 물었다.

"육체적인 노동의 대가 없이 생각지도 못한 돈이 들어온 적이 있습니까?"

그가 대답했다.

"어느 날 고향집에 내려가서 아버지의 밭일을 도와드리고 있는데 휴대전화로 문자 메시지가 왔어요. 제 전문 분야를 살려 책을 출간했는데 통장에 몇 천만 원의 저자 인세가 들어왔더라고요. 예상보다 훨씬 많았어요."

"그때 기분이 어땠어요?"

"정말 좋았습니다."

"그때 어떤 생각을 하셨어요?"

"죽어라고 일하지 않아도 돈이 들어올 수 있어서 놀랐어요."

"그럼 돈을 좋아하시는 거네요?"

"아, 네…. 이제 보니 그런 것 같네요."

지인의 심리를 보다 심층적으로 알아보니 이랬다. 그는 원래 돈을 좋아했는데 예전만큼 돈이 안 벌리다 보니 '돈은 지식보다 열등한 거야' 하고 심리적으로 철벽을 치게 된 것이다. '예전보다 돈을 잘 못 벌어'라고 여기면 능력이 과소평가되니 방어적으로 '물질세계는 정신세계보다 열등한 거야'라는 사고를 했던 것이다.

이와 더불어 지인의 무의식감정, 심리패턴과 행동패턴, 아버지와의 관계를 종합적으로 진단해 잘못된 머니패턴을 교정했다. 다행히 그는 자기성찰 지능이 뛰어난 사람이라 자신의 머니패턴에 무슨 문제가 있었는지를 금방 알아차렸다.

"계속해서 이렇게 살면 제 아이에게도 '돈은 나쁜 거야'라는 식의 심리패턴, 가난뱅이 머니패턴을 물려줄 수밖에 없겠네요. 가난이 대물림되겠어요."

세미나에서 큰 깨달음을 얻은 그는 드디어 아버지가 자신에게 물려준 가난뱅이 머니패턴에서 벗어나기로 결심했다. 그리고 바로 이튿날 그가 내게 문자 메시지를 보내왔다.

"저 ETF Exchange Traded Fund, 상장지수펀드에 약간의 돈을 투자했습니다."

이것이 바로 머니패턴이 바뀐 엄청난 결과다. 돈이 있다고 무조건 탈선하는 것이 아니다. 돈은 정신세계보다 절대적으로 열등한 것이 아니다. 그가 어떻게 이런 깨달음을 얻을 수 있었을까? '돈은 육체적인 노동 없이도 벌 수 있다'는 것을 직접 체험했기에 가능했다. 더불어 그에게는 새로운 수입의 경로도 열렸다. 이 또한 그가 스스로 개척한 것이다.

얼마 뒤 그는 사람들과 사업을 설계하기 시작했다는 소식까지 알려왔다. 그렇게 돈을 밀어내던 사람이 부자 머니패턴으로 가는 길을 선택한 것이다! 이 선택은 정말 큰 의미가 있다. 가난한 사람에게는 오로지 한 가지 돈의 경로밖에 없지만, 부자는 여러 개의 수입 경로가 있다. 그래서 돈을 더 잘 버는 것이다. 그는 원래 하던 일에 더해 한 가지 수입 경로를 추가한 것이었다.

누구나 대물림되거나 성장 과정에서 굳어진 잘못된 심리패턴, 머니패턴들이 있다. 단지 의식적으로 알아차리지 못할 뿐이다. 가난이 운명이려니 하고 살면 안 된다. 이제 바꿔야 한다. 원래 우리에게 주어진 것은 가난이 아닌 풍요로운 삶이다. 우리는 재정, 일, 건강, 자아, 관계 모든 면에서 누리며 살 수 있는 귀한 존재다.

닮고 싶은 부자 롤모델을 찾아라

이번에는 부자 머니패턴으로 행복하게 살아가는 사례를 소개하겠다. 내가 아는 어떤 대표의 이야기다. 그는 돈을 버는 데 탁월한 재주를 지녔다. 그는 할머니 손에 자랐는데, 어린 시절부터 줄곧 이런 말을 듣고 컸다고 한다.

"돈은 사람에게서 오는 거란다. 사람 관리를 잘해라."

어렸을 때부터 지속적이고 반복적으로 들었던 말들은 그가 돈을 버는 원동력이 됐다. 그는 자신이 배운 대로 사람 관리에 공을 들이기 시작했다. 그리고 사람을 통해 돈을 벌었고, 그러한 머니패턴은 몇 번의 성공 경험으로 이어져 성공패턴이 됐다.

그에게 돈이란 노력해서 얻은 본인만의 소유물이 아니다. 내가 번 것이라도 일부 나눠줌으로써 나중에 더 큰 부를 얻는 좋은 수단이다. 그는 자주 "사람 관계는 곧 돈을 버는 통로다."라는 말을 했다. 그는 사람들과 관계를 잘 맺고, 누군가의 마음을 행복하게 하는 일에 탁월한 재주를 가지고 있다. 한번은 그의 지인이 오토바이를 타고 사막을 횡단하는 꿈을 가지고 있었는데, 그가 지인의 꿈을 이뤄주었다. 사람의 마음을 사면 더 큰 것을 얻는다는 사실을 알고 있었기 때문이다.

나는 그를 만날 때마다 늘 좋은 마음으로 헤어진다. 그를 만나면 내가 정말 '대단한 사람'이 된 듯한 느낌이 든다. 그가 입에 발린 칭찬을 하는 것도 아닌데, 뭐든 할 수 있을 것만 같은 용기가 마음 저 깊은 곳에서부터 용솟음친다. 그래서 내게 그런 생각을 갖게 해준 그에게 뭔가 도움이 될 만한 일을 해주고 싶다는 생각이 절로 든다.

그 대표는 내게 모범 답안지 같은 사람이다. 닮고 싶은 부자의 모습을 잘 보여준다. 이번에는 당신 차례다. 스스로에게 질문해보자.

'내게는 부를 창출할 수 있는 패턴을 알려주는 누군가가 있었는가? 가족 중 그런 사람이 없었다면 주변에 조언을 구할 수 있는 부자가 있는가? 어마어마한 재산을 가진 부자가 아니라 어느 정도 자신의 재산을 일군 사람, 혹은 부자 마인드를 가진 사람이 있는가? 그런 사람들조

차 없다면 그들이 써놓은 책이라도 가까이하는가?'

전 세계 부자들을 연구해온 금융가 토마스 콜리Thomas Corley 는 저서 《부자 습관》Rich Habits 에서 독서와 부의 상관관계를 연구하기 위해 223 명의 부자들과 128명의 가난한 사람들을 대상으로 독서 습관을 조사한 결과를 밝혔다. 이에 따르면 부자들은 무려 88퍼센트가 매일 30분 이상 책을 읽는다고 답했으나 가난한 사람들은 2퍼센트에 불과했다. 또한 책 읽는 것을 좋아한다는 대답도 부자들은 86퍼센트였으나 가난한 사람들은 26퍼센트에 그쳤다. 부자들은 63퍼센트가 출퇴근하는 자동차 안에서 오디오북을 들었으나 가난한 사람들은 5퍼센트밖에 되지 않았다.

실제로 경제적인 성공을 이룬 사람들은 대부분 독서광이었다. 애플의 창업자이자 21세기 혁신의 아이콘으로 불리는 스티브 잡스Steve Jobs 는 고전에서 제품 개발과 마케팅에 대한 아이디어를 얻었다. 그는 자신의 성공을 책의 공으로 돌렸다.

"내 창조의 원천은 대학 시절 '고전 100권 읽기 프로그램'을 통해 접한 고전들에 있다. 이것이 아이디어 창출에 결정적인 영향을 미쳤다."

몇 년 전에 한 CEO를 만난 적이 있다. 그는 몇 번의 사업 실패로 무일푼이 되다시피 했었는데 다시 재기에 성공해서 홈쇼핑 회사의 대표직을 맡고 있었다. 그 비결을 물었더니, 부도가 난 후 힘들어하다가 아내와 자식을 보고 다시 살아야겠다는 생각이 들었단다. 그 길로 도서관에 가서 부에 관한 책을 있는 대로 골랐다. 그리고 아침부터 밤늦게까지 부자들의 신념과 행동에 대한 책을 읽고 또 읽으면서 다시 살아갈

날들에 대한 힘을 얻었다. 단순히 책을 읽는 데서 그치지 않고 그들의 습관들을 자신의 것으로 만들기 위해 말과 행동을 바꿨고, 그런 변화를 통해서 재기의 기회를 잡을 수 있었다고 말했다.

아버지가 부자가 아니어서 보고 자란 것이 없다고 생각된다면 우리는 롤모델을 찾아야 한다. 그것도 없다면 책에서라도, 유튜브에서라도 모델을 찾아서 배워야 한다. 가난뱅이 머니패턴을 부자 머니패턴으로 덮을 때 비로소 변화가 시작됨을 명심하라!

제 2 장

부자 머니패턴
vs
가난뱅이 머니패턴

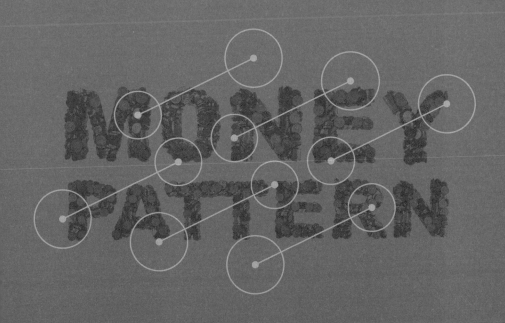

가난한 사람은 돈을 위해 일한다.
그러나 부자는 돈이 자신을 위해 일하게 한다.
_로버트 기요사키Robert Kiyosaki, 《부자 아빠 가난한 아빠》 저자

부를 만드는
부자 머니패턴은 따로 있다

당신은 잠재적인 부자인가? 아마도 스스로도 그 정답을 잘 모를 것이다. 그렇다면 이를 판단하는 기준이 되는 여러 질문들 가운데 하나를 소개해보겠다.

'부채는 자산인가? 채무인가?'

당장 자산을 증식할 수 있다면 부채는 자산이다. 하지만 부채를 두려워하는 사람이 꽤 많다. 돈을 빌려 투자하는 일을 몸서리치게 싫어하는 사람도 많다. 몇 년 전까지 나도 그런 사람 중 하나였다. 나는 돈 빌리는 것을 무조건 채무라고 생각했다. 게다가 내가 남에게 빌려주는 것은 괜찮지만 남에게 손 벌리는 일은 극도로 경계했다. 심지어 신용카드조차 만들지 않았었다. 이런 성향 탓에 좋은 투자 기회를 놓쳐왔다. 나처럼 논 빌리는 것을 무조건 질색하는 태도는 자산을 늘리는 데 방해가 된다. 물론 부채를 무조건 자산이라고 생각하는 것 또한 문제가 아닐 수 없다.

10년 전 일이다. 당시는 벌이가 좋을 때라 내 월수입은 평균 3천만 원대였다. 한번은 기업에 강의를 하러 제주도에 가게 됐고 여행 겸 가족까지 모두 같이 떠났다. 강의를 마친 뒤에는 관광을 하기 위해 개인택시를 불렀다.

제주도를 가기 전, 지인이 "이왕이면 돈을 더 주고서라도 개인택시를 부르세요. 기사 분들이 제주도를 속속들이 알기 때문에 더 좋은 여행이 될 거예요."라고 조언해줬다. 지인의 말로는 제주도에 개인택시를 하는 부자가 많다고 했다. 이들은 대부분 제주도 유지여서 다양한 정보들을 빠르게 얻는다고 했다.

과연 여행 중 개인택시 기사님이 좋은 정보 하나를 알려줬다.

"제가 3천만 원이 있다면 저 땅을 살 겁니다."

"저 땅을요? 왜요?"

"한 달 뒤 저 땅의 행정 구역이 제주시로 바뀌거든요. 그럼 땅값이 많이 오를 거예요."

"확률은요?"

"100퍼센트입니다. 한 달 뒤 투표에 들어갑니다."

정보는 성공의 지름길이다. 그때 나는 투자를 했을까, 하지 않았을까? 투자하지 않았다. 그 땅을 사려면 3천만 원 정도의 현금이 있어야 했는데 당장 수중에는 그만큼의 현금이 없었다. 다행히 매월 그 정도 벌고 있으니 단기로 대출을 하거나 지인들로부터 빌리면 될 일이었는데, 나는 그게 그렇게 싫었다. 그리고 기사님의 말처럼 한 달 뒤 그 땅은 제주시로 편입되었고 땅값은 2배로 뛰었다.

이 사례를 통해 우리는 무엇을 배워야 할까? 부자가 되려면 부자처럼 생각하고 행동해야 한다는 점이다.

이제부터 부자와 가난뱅이가 어떻게 다른지를 알아보겠다. 부자는 부구열이 있고, 가치관이 분명하며, 상상할 줄 알고, 운이 좋다고 생각하며, 기질을 잘 활용하는 데 비해, 가난뱅이는 이와 반대다. 각각에 대해 보다 자세히 알아보자.

부구열이 있는 사람
vs 부구열이 없는 사람

부자는 부를 창출하는 심리패턴을, 가
난뱅이는 가난을 창출하는 심리패턴을 가지고 있다. 이는 주로 어린 시
절부터 보고 듣고 자란 것에 가장 큰 영향을 받는다.

부자들은 대부분 어린 시절 풍족하게 지낸 경험이 있다. 대대로 부
자였거나, 혹은 부자였던 시기가 있었던 경우가 많다. 아버지가 사업하
다 부도가 났더라도 가난하게 살던 사람과 잘살아봤던 사람은 다르게
행동한다. 부유했던 경험이 있는 사람은 "돈 버는 것은 아주 쉬워.",
"조금만 노력하면 돈을 벌 수 있어."와 같은 말을 자주하고 그런 생각
을 품고 산다. 반면 가난한 사람들은 '어디 돈 벌기 쉬운가?'라는 생각

을 자주 한다. '나와는 다른 세상이야', '부모를 잘못 만났으니 할 수 없지 뭐'라며 현재를 위안하는 경향이 있다.

만약 당신이 넉넉한 환경에서 자라지 못했고 부를 이룬 경험은 없지만, 그럼에도 불구하고 이제부터라도 달라지고 싶다면 자신의 심리패턴을 진단하고 부자가 지닌 풍요의 심리패턴을 배워나가면 된다. 부자 머니패턴을 갖추려면 '부를 연구하는 열정', 즉 부구열이 특히 필요하다.

열정이란 무엇인가? 원하는 것, 즉 목표를 어떻게 이룰지 분명히 하고 집중적으로 노력하는 힘이다. 제너럴일렉트릭GE의 회장이었던 잭 웰치Jack Welch는 열정의 중요성을 이렇게 표현했다.

"열정이 부족한 천재보다 열정이 넘치는 평범한 인재를 택하겠다."

열정은 성공의 가장 강력한 엔진이다. 미국의 전설적인 투자가로 1930년생인 워렌 버핏Warren Buffett은 "나는 지금도 매일 아침 거의 탭 댄스를 추면서 출근한다. 내 일을 정말로 사랑한다."라는 말로 유명하다. 마이크로소프트MS 창업자 빌 게이츠Bill Gates 또한 만만치 않은 열정의 소유자다. "잠자리에서 눈 뜰 때 오늘 내가 개발할 기술이 인류의 삶을 변화시킨다는 생각을 하면 더없이 흥분되고 에너지가 넘친다."

공부를 잘하고 싶다면 공부에 대한 열정이 있어야 하고, 운동을 잘하고 싶다면 운동을 좋아하는 열정이 있어야 하듯 부자가 되고 싶다면 부구열이 있어야 한다. 이것이 부자 머니패턴으로 향하는 시작이다.

내 부구열 바로 알기

이제부터 당신의 부구열을 체크리스트로 진단해보자.

부구열 체크리스트

질문을 읽고 해당되는 항목에 ✓표시를 하자. 그런 뒤 점수를 계산해 적어보자.

질문	매우 그렇다	그렇다	그저 그렇다	별로 아니다	전혀 아니다
1. 당신은 돈을 벌고 싶은가?					
2. 당신은 운이 좋다고 생각하는가?					
3. 부모와의 관계가 좋은가?					
4. 부모가 부자였는가?					
5. 주변에 부자 친구가 있는가?					
6. 돈을 버는 것에 대한 정보를 얻을 수 있는 곳이 있는가?					
7. 돈에 관한 책을 읽고 있는가?					
8. 금융지식(주식, 펀드, 부동산, 지적재산권 등)이 있는가?					
9. 주변에 조력자들이 있는가?					
10. 마음먹은 것은 할 수 있다는 자신감을 가지고 있는가?					
11. 자신의 있는 모습 그대로를 소중히 하는 마음(자존감)이 있는가?					
12. 자신의 재정 상태가 점점 더 좋아지고 있다고 생각하는가?					
13. 돈을 벌어야만 하는 정확한 가치가 있는가?					
14. 투자를 위해 종잣돈을 모으고 있는가?					
15. 어린 시절 돈에 대한 안 좋은 기억을 제거했는가?					
16. 3개 이상의 수입 경로가 있는가?					
17. 능동적 수입(노동 수입) 말고 수동적 수입(시스템)이 있는가?					

	개 ×5점	개 ×4점	개 ×3점	개 ×2점	개 ×1점
18. 행복하기 위해 자주 웃는가?					
19. 수입의 일부를 기부하고 있는가?					
20. 소비를 줄이기 위해 계획적으로 쓰는가?					
21. 빚이 있다면 갚아나가고 있는가?					
22. 돈에 대한 기분 좋은 상상을 하는가?					
23. 모으고 싶은 목표 금액이 있는가?					
24. 돈을 벌지 않고 1년 이상 살 수 있는 여유가 있는가?					
25. 매일 재정 상태가 바뀌기를 기대하고 선언하는가?					
26. (투자로) 돈을 벌어본 경험이 있는가?					
27. 좋아하는 일을 통해 돈을 버는가?					
28. 자기 자신에 대한 확실한 정체성이 있는가?					
29. 지금 자신이 부자라고 생각하는가?					
30. 돈 벌기가 아주 쉽다고 생각하는가?					
✓표시 개수	개 ×5점	개 ×4점	개 ×3점	개 ×2점	개 ×1점
개별 점수	점	점	점	점	점
총 점수					점

다음 결과표에서 자신의 총 점수에 해당하는 항목을 읽어보자.

점수	결과
130점 이상	**누림의 부구열**: 당신은 이미 부를 누리고 있거나 행복한 부자의 길을 가고 있는 사람이다. 기본 소양이 튼튼해서 지금 당장이라도 남에게 부에 대해 전수하고 가르치는 멘토가 될 수 있다.
100점 이상	**정복형 부구열**: 부자가 되는 방법들을 바로 실행에 옮길 준비가 된 사람이다. 좀 더 부의 나눔에 관심을 갖고 다른 사람과 원원하는 것을 지향한다면 누림의 부구열을 갖게 될 것이다.

80점 이상	가능성의 부구열: 당신의 머니패턴에는 잠재력이 있다. 부구열 체크리스트를 여러 차례 읽으면서 자신에게 부족한 점들을 확인하라. 부족한 부분들을 확실히 인지한 뒤 보완하면 정복형 부구열 단계로 올라설 수 있다.
60점 이상	선택이 필요한 부구열: 지금 당신에게는 선택이 필요하다. 부자 머니패턴으로 나아갈 것인가 아니면 지금까지 살아온 것처럼 가난뱅이 머니패턴에 머물 것인가? 편안하기는 하지만 불평불만으로 가득 찬 인생이 만족스러운가? 선택의 결과는 당신의 몫이다.
40점 이상	깨어나야 할 부구열: 당신에게는 왜곡된 심리패턴이 있다. 이를 반드시 바로잡아야 한다. 당신도 건강한 머니패턴을 누릴 권리가 있다.

당신의 부구열 점수는 몇 점인가? 본인의 점수가 낮다고 실망하거나 속상해하지 말자. 이것은 곧 과거의 점수가 될 테니 연연할 필요 없다. 부구열은 얼마든지 개선될 수 있다.

자신의 부구열 유형을 살펴보면서 이 2가지를 명심하라! 첫째, 부자와 가난뱅이의 생각의 차이를 알고 자신을 돌아본다. 둘째, 부자의 심리패턴을 배워서 자신의 것으로 만든다.

누림의 부구열, 부를 본능적으로 아는 능력자

체크리스트의 결과가 130점 이상인가? 그렇다면 당신은 '돈은 마음만 먹으면 벌 수 있다'는 심리패턴을 갖고 있다. 이미 어느 정도의 부를 이

룩했을지도 모른다. 이런 사람은 돈 되는 일을 찾아내는 재능이 있다. 부모가 사업이나 투자를 하는 모습을 지켜본 경험이 있을 수 있다.

주변에 부자 친구가 있다면 떠올려보라. 유산을 물려받아 부자가 되었든, 스스로 사업체를 일궈 부자가 되었든, 주식이나 부동산을 통해 부를 일궜든 간에 어린 시절에 공통점이 있다. 어디선가 부를 본 적이 있다는 것이다. 어쩌면 스스로 경험하지 않았다 해도 그 사람 안에는 부자의 경험치가 있다.

몇 년 전 행복한 부자로 살고 있는 '누림의 부구열' 유형의 27세 청년을 만났다. 고등학교를 졸업하자마자 취득한 공인중개사 자격증을 바탕으로 여러 사업을 하던 그는 그 나이에 매월 3천만 원 정도가 본인 주머니에 들어오는 시스템을 만들어놓은 상태였다.

이 청년과 이야기를 나누다가 이런 질문을 했다.

"학교 다닐 때 꼴등이었다는 얘길 들었는데, 학창 시절에는 지금과는 달랐겠네. 학교에서 기 안 죽었어?"

"전혀요. 공부랑 자신감은 아무 상관없어요. 그것 때문에 창피하다고 생각해본 적도 없고 자신감이 떨어진 적도 없었어요. 그리고 저 꼴등은 안 했어요! 꼴등은 정말 한번 해보고 싶었는데 뒤에서 2등만 했어요. 항상 꼴등을 하는 친구가 따로 있었거든요, 하하."

지금이야 나도 공부가 하나의 재능이라고 생각하지만 당시만 해도 자신감은 능력 즉, 효능감과 연결되어 있다고 여기고 있었다. 그래서 그런 질문을 무심코 했던 것이다. 청년의 대답을 듣고선 또 다른 질문을 던졌다.

"부모님은 뭐라고 안 하셨니?"

"에, 부모님은 사업을 크게 하셨는데 단 한 번도 성적 때문에 저를 야단치지 않으셨어요. 오히려 할 수 있는 게 뭐라도 있을 거라면서 지지해주셨어요."

그날 이 청년 덕분에 나는 엄청난 깨달음을 얻었다. 자신감, 자존감은 성적과 아무 상관이 없다는 점과 청년의 성공 비결은 사실상 부모가 물려주었다는 점이다.

청년은 고등학교 3학년 때 부모의 사업이 부도가 나면서 인생 전환기를 맞았다. 혼자 먹고살 방도를 마련해야 해서 공인중개사를 땄다. 졸업 후엔 몇 명의 친구를 모아서 공사장 막노동을 같이했다. 혼자 종잣돈을 만들려면 시간이 너무 오래 걸린다는 생각에 조력자들을 구한 것이다.

몇 달 후 종잣돈이 모이자 펜션 사업에 뛰어들었다. 주 5일제가 막 시작되던 시기였다. 주말에 근교로 놀러 가는 사람들을 대상으로 하는 숙박업에 수익성이 있다고 판단했다. 청년은 종잣돈으로 오래된 작은 펜션을 인수해서 직접 수리하고 홍보했다. 돈을 아끼기 위해서였다. 작은 펜션이 잘되자 좋은 가격에 팔았고, 그보다 규모가 더 큰 펜션을 샀다. 사고 팔기를 거듭하며 점점 큰 부를 일궜다. 결과적으로 청년은 20대에 카페 수익, 저서 인세, 컨설팅 비용 등을 통해 매월 3천만 원이 들어오는 시스템을 구축했다.

1년 뒤 청년을 다시 만났을 때 몇 십억의 매출을 달성하는 CEO가 되어 있었다. 그런데 기막힌 소식을 들었다. 얼마 전 자신의 지분 가운데 80퍼센트를 직원들에게 나누어주었단다.

"저는 돈 벌기가 아주 쉽다고 생각해요. 한 번도 어렵다고 생각해본 적이 없어요. 그리고 혼자 회사를 키우는 것보다 직원들이 직접 사장이 돼서 키우는 게 훨씬 나아요. 제가 80퍼센트의 지분을 갖는 것보다 10퍼센트를 갖는 것이 나중에는 더 큰 이익이 된다는 얘기지요."

청년은 자신을 운에 맡기는 것이 아니라 스스로 운을 만들어나가고 있었다. 자신감과 긍정적인 사고로 말이다. 이처럼 생각이 크면 내가 쥘 수 있는 부의 크기도 달라진다.

정복형 부구열, 나누면서 부를 키우는 지혜

체크리스트의 결과가 100점 이상 130점 이하인가? 그렇다면 당신은 부자가 될 준비를 갖춘 '정복형 부구열' 유형이다. 이미 어느 정도의 부를 이루었을지도 모르고 투자할 종잣돈을 마련해두었을 수도 있다. 누림의 부구열을 갖춘 사람과 마찬가지로 정복형 부구열에 해당하는 사람은 두려움이 별로 없다. 이 유형에게는 정확한 정보가 중요하다. 정보만 확실하면 당장이라도 행동을 취할 수 있다. 따라서 사람이든 책이든 무엇이든 간에 정확한 정보를 얻기 위한 노력이 중요하다.

다만 다른 사람들과의 윈윈을 지향해야 한다는 점을 잊지 말자. 돈만 버는 부자가 아니라 행복한 부자를 꿈꿔라. 행복한 부자는 '혼자'가 아니라 '사람들과 같이' 부의 길로 간다.

언젠가 나는 누림형 부구열을 갖춘 한 CEO에게 물었다. 원래 그는 정복형 부구열에 속했는데 한동안 못 본 사이에 한 단계 더 성장해 있었다. 그러면서 재산도 훨씬 많아졌다.

"대표님, 그동안 어떻게 재산을 더 키우셨어요?"

그는 과거 이야기를 들려주었다.

"이게 다 사람 덕분입니다. 아버지 사업이 부도를 맞은 뒤에 가난했던 시절이 있었지요. 그때 정말 열심히 살았어요. 서울 강남에서 트럭을 몰며 죽어라고 일했습니다. 그 시기에 제가 가장 잘한 일은 누구에게나 친절하게 대한 거였어요. 아시잖습니까. 다른 건 몰라도 인사 하나는 끝내주게 하는 거."

그렇다. 그는 남들에게 인사를 잘 건네고 무척 친절하다. 그 어렵던 시절에도 마찬가지였단다. 트럭으로 장사하면서 그는 손님들에게 늘 90도로 깍듯이 인사를 하며 예를 다했다. 대부분의 손님이 강남 사모님들이라 높은 수준에 맞춰 최고의 서비스를 해야겠다고 생각했는데, 그게 바로 인사와 친절이었다.

그러던 어느 날 그에게 기회가 왔다.

"총각, 모아둔 돈이 얼마나 있어? 이렇게 열심히 일하는 걸 보면 조금은 있을 것 같은데."

"왜 그러시는데요? 저… 1억 2천만 원 정도 있어요."

"그러면 여기에 땅을 좀 사. 곧 개발될 것 같아."

CEO는 이렇게 회상했다.

"그분은 수년간 봐왔던 고객이었습니다. 헛소리할 분이 전혀 아니었지요."

고객이 제공한 정보로 땅을 구입한 지 몇 년이 지난 뒤였다. 정부 보상이 이뤄지며 무려 10배의 이익이 났다. 이것이 부를 불릴 종잣돈이 됐다. 그리고 사업이 궤도에 오른 지금도 고마운 마음으로 오래전 도움을 준 고객과 교류하고 있다고 했다.

이처럼 부자 머니패턴의 사람은 다른 사람에게 도움을 준다. 그들은 그 도움이 다시 되돌아온다는 진리를 잘 알고 있다. 중국 IT 업계의 큰손 알리바바Alibaba의 창업자 마윈을 예로 들어보겠다. 그 또한 이런 원리의 수혜자다.

1980년 16세였던 마윈은 중국과 호주가 우호협정을 맺으며 방문한 호주인 켄 몰리Ken Morley 가족을 만났다. 그중 동갑내기인 데이비드 몰리David Morley와 친해졌고 이를 인연으로 펜팔을 통해 친분을 이어가다 5년 뒤 호주를 방문했다. 당시 중국인의 해외여행은 굉장히 드물어서 몰리 가족은 마윈을 초청하기 위해 7번이나 대사관에 서류를 내는 등 다방면으로 애쓴 끝에 겨우 마윈은 여권을 발급 받을 수 있었다. 그렇게 어렵게 성사된 호주 방문은 평범하던 중국 소년 마윈의 인생을 완전히 바꿔놓았다. 중국 작은 도시에서 살던 소년은 비로소 세상이 넓다는 사실을 깨달았고 이를 계기로 사범대학에 진학해 영어를 배웠다. 직장인이 된 마윈은 미국 출장길에 난생처음으로 인터넷을 접하고 사업 아이디어를 얻어 알리바바를 창업했다.

마윈은 이후 '마윈-몰리 장학 프로그램'을 만들었다. 이를 통해 매년 90여 명의 호주 학생들에게 한화로 230억 원의 장학금을 지원하고 있다. 그는 부에 대한 자신의 가치관을 다음과 같이 밝혔다.

"만약에 돈을 벌고 싶다면 다른 사람을 먼저 도와야 한다. 그래야 당신에게도 더 큰 기회와 시장이 열린다."

주변을 잘 살펴보라. 끊임없이 자산을 늘리는 부자는 사람에게서 기회를 발견하고 그것을 잡기 위해 애쓴다. 당신도 부자와 가까이 하기 위해 노력하라. 그리고 다른 이들을 도와라.

가능성의 부구열, 한 단계 점프할 수 있는 힘

'가능성의 부구열' 유형은 잠재력이 있다. 이 유형은 조금만 신경 쓰면 정복형 부구열 단계로 쉽게 진입한다. 생활 속에서 실천 가능한 방법을 알려주겠다.

첫째, 앞에서 제시한 부구열 체크리스트의 문항들을 읽고 자신에게 부족한 점들을 확실히 인지하라. 그런 뒤 시시때때로 이를 수정하고 보완하라.

둘째, 부구열 체크리스트의 문항들을 직접 기록한다. 단, 의문형 문장을 선언하는 식으로 바꾸자. 가령 '나는 돈을 벌고 싶은가?'를 '나는 돈을 벌고 싶다' 혹은 아예 '나는 돈을 번다'로 바꾸면 된다.

이때 기록은 컴퓨터보다 노트에 하는 것을 추천한다. 손으로 글씨를 쓰면 손가락은 약 1만 가지의 동작을 하면서 그만큼 뇌에 많은 자극을 준다. 이에 비해 컴퓨터 키보드로 입력할 때는 손가락의 움직임이 8가지뿐이다. 뇌에 자극을 많이 주는 것이 중요한 까닭은 그래야 중요한 정보로 인식하기 때문이다. 일단 뇌가 중요한 정보로 받아들이면 심리 패턴과 행동패턴에 지대한 영향을 미친다.

셋째, 선언의 세부 계획을 세워라. 하나씩 구체적으로 계획을 세우는 것이 중요하다. 예를 들면 자신감을 살리기 위해서 '매일매일 큰 소리로 웃는다', '매주마다 다른 분야의 새로운 사람을 만난다', '새로운 모임에 가입한다' 등의 계획을 정하라.

이런 방법을 실천하다 보면 가능성은 깨어난다. 그리고 어느새 정복형 부구열 유형으로 업그레이드될 것이다.

선택이 필요한 부구열, 용기 있게 새로운 길을 가라

'선택이 필요한 부구열' 유형에게는 말 그대로 선택이 가장 중요하다. 부자 머니패턴을 취한다면 그 방향으로 나아가고 그렇지 않다면 가난뱅이 머니패턴의 삶을 살게 된다. 즉, 이런 사람들은 기로에 서 있다고 할 수 있다. 정복형 부구열 유형이 가장 중요하게 여기는 것이 정확한 정보라면, 선택이 필요한 부구열 유형은 어떻게 살지에 대한 결정과 선택이 가장 중요하다.

세상 모든 것이 선택의 결과다. 당신은 어떤 삶을 원하는가? 앞으로 인생이 어떻게 달라지기를 꿈꾸는가? 간혹 어제와 같은 오늘을 살면서 내일이 달라지기를 희망하는 사람이 있다. 그러나 내일은 '변화된 오늘'에 의해서만 가능하다. 오늘의 내가 어제와 다른 선택을 해야 내일이 바뀔 수 있다. 지나치게 안전을 추구하려 들거나 두려움이 큰 사람은 가능성을 묻어두는 경향이 있다. 도약할 기회가 있음에도 선택을 포기하는 오류를 범한다.

용기 있게 선택을 하지 못한 한 부부의 사례를 살펴보겠다. A씨 부부는 주변에 공원이 많고 교통이 좋은 경기도 한 지역의 23평 아파트에 살고 있었다. 그 아파트는 사실 A씨 누나네 집이었는데, A씨 부부는 돈을 아끼기 위해 아이 둘과 그 집에 들어갔다. A씨는 공무원이었고 아내는 전업 주부였다. A씨 누나는 넉넉한 마음으로 관리비 등은 본인이 부담했다. 그러니 A씨네는 돈을 쓸 일이 많지 않았다. 겨울이면 서울 가락시장에 가서 배추를 주워다가 데쳐 먹을 정도로 알뜰하게 생활했고 월급의 90퍼센트를 저축했다. 누나네 집에 들어간 지 몇 년 안 되어 2억 원을 모았다.

나는 A씨와 이야기를 나눌 기회가 있었다.

"A씨, 2억이나 모으셨다니 대단하네요. 시세를 보아하니 이제 2~3천만 원만 더 보태면 꽤 괜찮은 아파트를 살 수도 있겠네요. 그간 고생 많으셨습니다. 축하드려요."

"아유, 아직 멀었습니다. 좀 더 모아야죠."

"큰 금액도 아닌데 그러지 마시고 대출을 하는 건 어떠세요? 지금 부동산 가격이 가파르게 오르고 있으니까요. 현금을 모으는 사이, 아파트 가격은 훨씬 뛸 텐데요."

"대출은 왠지 꺼려져서요. 돈을 모아서 사는 게 가장 안심됩니다."

당시 A씨 부부는 현금을 그렇게 많이 가지고 있었는데도 막연한 두려움 탓에 가능성을 포기했다. 그렇다고 그 현금을 다른 곳에 투자한 것도 아니었다. 통장에 묻어만 두고 있었다. 그러다 결국 문제가 생겼다. 몇 천을 더 모았지만 여전히 집 장만을 못 한 것이다. 그사이 집값이 또 뛴 탓이었다. A씨 부부처럼 선택과 결정을 제때 제대로 하지 못하고 시간만 보내다 보면 점점 더 안 좋은 선택지만 남기 마련이다.

이런 경우에는 선택과 결정을 위해 용기를 내야 한다. 어떻게 해야 할까? 작가 정채봉이 쓴 《처음의 마음으로 돌아가라》에는 물이 끓는 원리를 인생에 비유한 내용이 담겨 있다.

"물을 끓이면 증기라는 에너지가 생긴다. 0도씨의 물에서도, 99도씨의 물에서도 에너지를 얻을 수 없기는 마찬가지다. 그 차이가 자그마치 99도씨나 되지만 에너지를 얻을 수 있는 것은 100도씨를 넘어서면서부터다. 그러나 99도씨에서 100도씨까지의 차이는 불과 1도씨에 불과하다."

단순한 1의 차이가 물을 끓게 하는 데 결정적인 역할을 한다. 99에서 포기하면 아무것도 안 된다. 마지막 한 방울의 땀이 더해질 때 우리의 열정이 폭발하고, 부는 성장 곡선을 그리게 된다는 사실을 명심하라. 부구열 점수가 낮더라도 상관없다. 머니패턴은 지금 이뤄놓은 성취가 아니라 선택이다. 바뀌고자 하는 의지를 굳게 하고 용기를 내라!

깨어나야 할 부구열, 힘들어도 습관을 뜯어 고쳐라

부구열의 가장 아래 단계는 '깨어나야 할 부구열'이다. '안 바뀌고 싶은 사람이 어디 있어? 바뀌고 싶으니까 이 책을 읽지'라는 생각이 드는가? 좋다. 그렇다면 스스로에게 물어라. '정말 현실에서 벗어나고 싶은가?' 바뀌고 싶다고 말하지만 무의식에서는 과거의 심리패턴에 익숙해져 헤어 나오지 못하는 사람도 있다.

한마디로 가난에 익숙해진 사람이다. 상담을 하다 보면 그냥 넋두리를 풀어놓고 위로받고 싶을 뿐, 실제로는 가난을 거부하지 않는 사람을 자주 만난다. 생각만 하지 실천이 없다. 가난뱅이 머니패턴을 바꾸려면 굉장한 행동의 변화를 필요로 한다. 공부도 해야 하고, 지금까지 누렸던 편안함에서도 벗어나야 한다. 습관을 바꾸는 것이 때로는 고통스러울 수 있다. 하지만 감수해야 한다.

우울증을 겪고 있는 30대 초반 여성이 있었다. 내가 상담을 해보니 우울증이 아주 심하다기보다는 욕구가 꺾여 있는 상태로 판단됐다. 속사정을 들었는데, 결혼 전에는 클럽 등을 다니면서 자유롭게 살던 사람이었다. 문제는 신실한 기독교 집안의 남자와 결혼했다는 것이다. 더 이상 결혼 전과 같은 즐거움을 누리기 어려웠다. 그러던 차에 우울증을 가볍게 앓게 됐다. 그다음부터는 교회를 가거나 시댁에 가야 할 때마다 "오늘 너무 아파서 못 가요. 병원에서 우울증이 더 심각해졌대요."라는 핑계를 대곤 했다. 그녀에게 우울증은 하기 싫은 일을 회피하게 해주는 도구였다.

그런데 단 한 번의 상담 이후 그녀는 다시는 찾아오지 않았다. 나중에 나를 소개해주었던 사람에게 들으니 "그곳에 갔다가 우울증이 나아 버리면 난 어떡하느냐."는 말을 했다고 한다. 우울증을 필요에 따라 핑곗거리로 사용했다가 마침 내가 "우울증이라기보다는 하고 싶은 걸 제대로 못 해서 욕구가 꺾인 상태인 것 같아요."라고 진단하며 정곡을 찌르자 덜컥 겁났던 모양이다. '정말로 치료되면 내가 하기 싫은 일을 해야 할 텐데 어떻게 하죠?'가 아마 그 여성의 진짜 속마음이었을 것이라고 짐작한다.

깨어나야 할 부구열 유형에게는 이런 유의 마음이 있다. 정말로 당신이 부유해지고 싶다면 더 이상 가난을 방패막이나 핑곗거리로 삼으면 안 된다. '이렇게 계속 산다면 나의 10년 후 미래는 어떨까?'를 진지하게 고민하면서 자신이 겪을 최악의 고통을 생각해봐도 도움이 될 것이다. 그리고 이제는 익숙한 가난을 단호하게 거절하라! 그래야 부자 머니패턴이 그 자리에 들어올 수 있다.

가치관이 있는 사람
vs 가치관이 없는 사람

2010년 법정관리에 들어가며 파산 직전까지 갔던 일본항공JAL을 맡아 8개월 만에 흑자로 돌려세운 이나모리 가즈오 회장. 65세 때 이미 은퇴했던 그는 당시 일본 총리의 간곡한 부탁을 받고 77세 나이로 일선에 복귀해 일본항공을 되살려냈다. 이후 이나모리 회장은 '경영의 신'이라고 불린다.

언젠가 이나모리 회장에게 한 경영자가 요즘 회사 경영이 불안하다는 말과 함께 이런 질문을 했다.

"중소기업인 저희 회사를 대기업으로 키우고 싶습니다. 그에 걸맞은 역량을 키우려면 어떤 노력을 기울여야 할까요?"

이때 이나모리 회장이 뭐라고 대답했는지 아는가?

"사람이든 기업이든 집착에서 벗어나야 강해질 수 있습니다. 무엇보다 이타적인 경영 마인드가 성장의 출발점입니다."

경영자가 직원들의 정신적, 물질적 행복을 추구하겠다는 마인드를 경영의 기본으로 삼으면 성장할 수 있다는 조언이다. 이나모리 회장의 말에서 진짜 부자의 가치관을 볼 수 있다.

가치관이 있는 사람과 없는 사람은 다르다. 가치관이 없으면 아무리 돈이 많아도 불안하고 만족하지 못한다. 가치관은 강력한 의지를 발휘하게 하기에 누구에게나 필요하다. 그런데 가치관 없이 되는 대로 사는 사람이 꽤 많다. 상담하면서 "돈을 버는 이유가 뭡니까?"라고 근본적인 질문을 하면 오히려 나를 이상하게 보는 이들이 있다. 한 번도 생각해본 적이 없기 때문이다. 그런 사람은 가치관이 없기에 돈이 중심이된다. 그래서 돈에 따라 삶이 흔들리는 것을 경험하게 된다.

남 탓 말고 주인공으로 살아가라

언젠가 머니패턴 코칭을 진행하는데 한 CEO가 이런 말을 했다.

"집에 있는 한 사람 탓에 내 길이 막혀요."

아내를 두고 한 말이었다. 정말 아내가 문제일까, 아니면 아내의 말에 흔들리는 그 CEO가 문제일까?

그의 말에는 숨겨진 심리가 있다. 그는 돈을 잃는 원인을 아내 탓으로 돌려서 책임을 회피하고 싶은 것뿐이다. 이야기를 하는 내내 그는 돈을 못 버는 것도 아내 탓, 돈을 잃은 것도 아내 탓으로 몰아갔다.

이런 식으로 말하는 사람은 대부분 가치관이 분명치 않은 경우가 많다. 자신이 누구인지 정확하게 알고 돈을 벌어야 할 가치를 분명히 알면 쉽게 흔들리지 않는다. 그렇지 않으면 자신의 삶에서 주인공이 아닌 관객이 될 수밖에 없다. 스스로 삶의 주인공이 될 때 돈을 왜 벌어야 하는지, 어떻게 벌어야 하는지가 명확해진다.

나는 자주 '돈을 어떻게 벌 수 있을까? 돈이 어떻게 나를 따라오게 할까?'를 자주 궁리한다. 돈이 부족하거나 풍족한 것과는 상관없이 그러하다. 이때마다 마지막에 질문하는 것은 똑같다. '그렇다면 나는 누구일까?' 이 모든 생각의 가장 기본은 내가 누구인지 아는 것이다. 만약 내가 왕이라면 절대적인 권한이 있다. 내가 거지라면 얻어먹는 수밖에 없다. 내가 누구인지 모르면 돈을 위해 일하기 쉽다. 단순히 돈은 벌어 먹고사는 것으로 전부가 되어버린다. 그렇게 됐을 때 우리에게 돈이 없어진다면 인생에서 남는 것은 고통과 좌절뿐일 것이다.

그렇다. 대부분의 사람들이 고통스러워하고 좌절하는 것은 '돈은 인생을 행복하게 해주는 유일한 수단이야', '돈이 있으면 무엇이든지 할수 있어'라는 생각을 가지고 있어서다. 돈이 인생에서 최고의 목표가 되면 안 된다. 인생에서 주인공은 나 자신이고, 나를 위해서 관리하고 다스려야 할 도구 중 하나가 바로 돈이다.

어떤 사람들은 가난의 속임수에 길들여져서 돈과 부에 대해 잘못 인식한다. '부자는 탐욕스러워', '무언가 나쁜 짓을 해서 그렇게 부를 축적한 거야'라고 잘못된 생각을 하기도 한다. 나쁜 방법으로 부를 축적한 사람도 세상에는 분명 있다. 그러나 반대로 올바른 방법으로 부를 축적하고, 더 많은 사람들을 고용하여 그들의 삶을 안정시킨 부자도 존재한다. 탐욕 대신 가난을 택하겠다고 생각하지 마라. 건강한 마음으로 부를 추구하면 되지 않는가.

우리 부모님이 어린 내게 자주 했던 말 가운데 하나는 "뱁새가 황새를 □아가다가는 다리 가랑이가 찢어져."였다. 물론 지나친 욕심을 부리지 말고 분수에 맞게 살라는 좋은 가르침이었다. 하지만 이 말의 영향으로 나는 돈에 대해 소극적인 생각을 해왔다. 도전해야 할 시기에도 주저앉아버렸다. 나는 내 머니패턴을 점검하면서 더 이상 그 말을 받아들이지 않기로 결심했다.

돈은 '악한 것'도 아니고 '좋은 것'도 아니다. 단지 내가 어떻게 사용하느냐에 따라 성격이 달라지는 하나의 도구에 지나지 않는다. 절대로 돈을 자신의 정체성보다 높은 자리에 앉힌 채 살아가지 마라. 돈은 내가 누구인지 알고 나의 가치관을 실현하는 데 사용될 때 비로소 가치 있는 것이다.

당신은 누구입니까?

한번 게임을 해보자. 가족보다는 주위에 머니패턴을 고치고자 하는 마음 맞는 친구나 동료와 함께해보자.

두 사람이 짝을 지어 한 사람이 상대방에게 계속 질문하는 게임이다. 한 사람은 "당신은 누구입니까?"라고 묻고, 다른 사람이 대답하면 된다. 한 10분 정도 이 질문과 대답을 반복한다. 그러고 나서는 두 사람이 역할을 바꿔서 진행해보자.

이 간단한 게임을 통해 당신이 자신을 어떻게 정의하고 사는지 알 수 있다. 그리고 당신의 입에서 나오는 것이 바로 당신의 심리패턴이다. 예를 들어보겠다.

"당신은 누구입니까?"
"홍길동입니다."
"당신은 누구입니까?"
"35세 남성입니다."
"당신은 누구입니까?"
"회사원입니다."
"당신은 누구입니까?"
"한 여자의 남편입니다."
"당신은 누구입니까?"
"직장인 밴드 기타리스트입니다."

이런 식으로 질문과 답을 반복하면 점차 대답할 거리가 줄어들어 멋쩍어질 것이다. '당신은 누구입니까?'란 질문이 10개를 넘어가면 일반적으로 사람들은 대답하기 힘들어한다.

의외로 사람들은 자신이 누구인지 모른 채 살아간다. 지금 내가 속한 조직, 환경, 역량 등을 말하고 나면 더 이상 무엇으로 자신을 표현할지 난감해진다. 질문에 대한 답이 떠오르지 않을 때 비로소 우리는 '그렇다면 진짜 나는 누구지?'라는 의문을 떠올리게 된다. 자신을 처음으로 되돌아볼 수 있는 기회가 찾아오면, 힘들어도 멈추지 말고 끝까지 고민해서 대답을 내놓도록 하자. 진짜 나는 돈을 창출할 수 있는 에너지를 가진 존재다. 그 사실을 가슴 깊이 새기며 질문에 답하는 시간은 몰랐던 나의 놀라운 모습과 만나는 뜻깊은 시간이 될 것이다.

돈에 대한 가치관부터 분명히 하라

올바른 가치관 없이 돈을 벌 때 부자는 될 수 있을지언정, 절대로 행복한 부자, 건강한 부자는 될 수 없다. 인생의 어느 순간 허무함을 느낄 수밖에 없다.

다음의 질문들에 답을 떠올려본 뒤, 이어지는 내용들을 읽기 바란다.

 질문 만약 당신이 40억 원짜리 복권에 당첨이 되었다고 가정해보자. 다음 질문들에 대해 마음속으로 답을 말해보자.

　1. 하루 아침에 40억 원이 생긴다면, 두려운가?

2. 40억 원이 생긴 기분은 어떤가?

3. 이 돈에서 얼마를 한 달 생활비로 쓰고 싶은가?

4. 이 돈으로 삶의 질에 어떤 변화가 생겼는가?

5. 돈이 생긴 것을 알고 가까운 친구가 찾아와 빌려달라고 한
   다면 어떻게 할 것인가?

6. 40억 원을 어떻게 쓸지 구체적인 계획을 세워보라.

다 작성했는가? 돈이 생긴다는 가정만으로도 행복을 느꼈는가? 이제 당신의 머니패턴이 가치관에 기반한 부자 머니패턴인지 소비에 기반한 가난뱅이 머니패턴인지를 알아보겠다.

몇 년 전 내가 아직 부자 머니패턴을 갖추지 못했을 때 이 질문에 답을 적었던 적이 있다. 한참 시간이 지난 뒤 우연히 노트를 보면서 코웃음을 쳤다. 소비에 맞춘 당시의 머니패턴을 엿볼 수 있었기 때문이다. 돈을 벌어야 할 가치가 분명하지 않으면 돈은 휘발성 있는 물질일 뿐이다. 잠깐 내 곁에 있다가 이내 사라지고 만다. 오랜만에 들여다본 노트는 또다시 부에 대한 내 가치관을 점검하는 계기가 됐다.

다음은 내가 예전에 적은 대답들이다.

1. 하루 아침에 40억 원이 생긴다면, 두려운가?

   아니다.

2. 40억 원이 생긴 기분은 어떤가?

   정말 행복하고 감사하다.

3. 이 돈에서 얼마를 한 달 생활비로 쓰고 싶은가?

   2천만 원(아이들 학비 포함).

4. 이 돈으로 삶의 질에 어떤 변화가 생겼는가?

   별로 달라지진 않을 것이다.

5. 돈이 생긴 것을 알고 가까운 친구가 찾아와 빌려달라고 한다면 어떻게 할 것인가?

   일단 이유를 물어본 후, 거절한다.

6. 40억 원을 어떻게 쓸지 구체적인 계획을 세워보라.

   주택 구입에 7억, 사무실 구입에 15억, 투자 자금으로 5억, 아이들 학비로 2억을 사용하고, 5억을 기부하며, 여유 자금으로 나머지를 갖고 있겠다.

생각의 차이로 부자와 가난뱅이가 나뉜다

부자가 내 계획을 본다면 한심하게 여길 게 분명하다. 이렇게 돈을 쓰다가는 몇 년 못 가서 탕진하고 말 테니까 말이다. 예전에 나는 돈의 의미를 소비에 두고 있었다. 하지만 부자에게 돈의 의미는 유지와 증식에 있다. 유지하고 증식해서 자신의 가치관에 맞게 돈을 써야 한다.

지금의 나라면 '이 돈에서 얼마를 한 달 생활비로 쓰고 싶은가?'라는 질문에 200만 원으로 적겠다. 목표한 종잣돈을 모을 때까지는 최대한 생활비를 줄여서 살 것이다. 그리고 아이들 학비는 자산을 증식해서 나오는 돈으로 지불하겠다. 나는 예전에는 돈을 증식시켜서 유학비를 마련한다는 생각을 해본 적이 없었다. 그저 열심히 돈을 모아서 학비를 지불하고 또 1년간 열심히 모아서 다음 해 학비를 지불했었다.

나처럼 자식을 유학 보낸 친구가 있다. 몇 년 전만 해도 내가 그 친구보다 월수입이 더 많았다. 하지만 지금은 재산 규모가 완전히 역전됐다. 그 이유는 이렇다. 친구는 가지고 있던 돈 3억 원에 대출을 좀 더 받아서 수원시 광교에 4층짜리 건물을 지었다. 1층은 상가로 만들어서 음식점을 하는 사람에게 임대를 줬고, 2층과 3층은 원룸으로 꾸며 세를 놓았다. 그리고 4층에는 친구네 가족이 살았다. 임대 놓은 금액으로 대출을 갚고, 또다시 다른 곳에 투자해 몇 년 만에 많은 재산을 모았다. 친구는 매달 나오는 임대료를 가지고 아이 2명을 유학 보냈다.

종잣돈으로 아이 한 명을 겨우 유학 보낸 나는 점차 보유한 돈이 줄었고, 친구는 자산이 점점 더 늘어났다. 돌이켜보면 그 친구는 '재산을 늘려서 아이들 유학을 보내야지'라는 목표가 있었다. 그래서 '어떻게 재산을 불릴 수 있을까'에 초점을 맞춰 살았고, 이에 비해 목표가 뚜렷하지 않았던 나는 '있는 돈으로 학비를 내면 된다'고 여겼기에 이 같은 결과에 이르렀다.

질문 6번의 대답 중에서 기부도 마찬가지다. 예전에 작성한 대로라면 나는 기부를 5억 원만 하고 만다. 일회성에 그치는 것이다. 그런데 5억 원으로 매달 현금을 받을 수 있는 곳에 투자한다면 어떨까? 기부가 필요한 곳에 지속적으로 돈을 줄 수 있을 테고, 개인 자산 또한 더 증식되지 않을까? 이를테면 상가를 사서 임대료는 기부를 해도, 시세 차익 등의 수익을 남길 수 있다.

부자와 가난뱅이의 차이는 돈이 아니라 사고의 차이에 있다. '돈이 없으면 못 해'라는 사고와 '어떻게 돈을 불리지?'라는 사고의 차이다. 돈을 벌어야 할 이유가 있는 사람은 생각하는 방향이 다르다. 끊임없이 해결점을 찾기 위해 질문한다. 하지만 돈을 벌어야 할 이유가 없는 사람은 문제에 빠진다. 이것이 부자와 가난한 자들의 차이다.

'어떻게 하면 돈을 증식할 수 있을까?'라는 질문을 하기 전에 다시한번 질문하자. '내가 왜 돈을 벌어야만 하는가?' 여기서 당신이 돈을 벌어야 할 이유가 나오고, 돈을 쓸 구체적인 계획들이 나올 것이다. 또 저축하는 이유, 증식이 필요한 이유가 나올 것이다. 어떤 기업은 꾸준히 돈을 벌어서 자기네 회사가 있는 도시를 더 살기 좋은 곳으로 만드는 데 힘쓴다. 어떤 천주교 단체는 부업을 통해 버려진 아이들이 자립할 수 있도록 돕는다. 어떤 사람은 가난을 자기 대에서 끊고 아이에게 더 좋은 삶을 살게 하고 싶어서 돈을 번다. 각자만의 이유를 찾아야 돈을 벌어야 할 이유와 쓸 이유가 제대로 정립된다.

상상하는 사람
vs 상상하지 않는 사람

내게는 크고 작은 꿈 23가지가 적힌 작은 종이가 있다. 이것을 매일매일 읽는다. 읽은 다음에는 하나하나 상상한다. 예를 들면 '나는 5층짜리 힐링 센터를 갖는다'라고 읽고 나서는 그 건물을 구체적으로 떠올린다. 1층에 많은 사람이 앉아 있고, 2층 상담실에서는 몇 사람이 상담을 받고, 3층 강연장에서는 많은 사람들이 웃으며 기뻐하는 모습을 그려본다.

부자는 나처럼 상상을 잘한다. 상상은 성공으로 향하는 탁월한 방법으로 꼽힌다. 이와 관련한 할리우드의 한 배우의 이야기를 들려주겠다.

"나는 천만 달러 흥행 배우가 될 거야."

한 무명 배우가 입버릇처럼 천만 달러를 버는 배우가 되겠다고 늘 말하고 다녔다. 그는 진짜 돈은 아니지만 스스로 만든 천만 달러 수표를 지갑에 늘 지니고 다녔다. 지갑을 열 때마다 그 수표를 보며 목표를 새겼다. 오랜 세월을 거쳐 그는 결국 자신의 다짐을 지키게 됐다. 대흥행 배우가 된 것이다.

이 이야기의 주인공은 영화 〈덤앤더머〉, 〈마스크〉 등으로 스타덤에 오른 짐 캐리Jim Carrey다. 짐 캐리의 일화처럼 지속적으로 상상하는 것은 실현될 가능성이 높다. 인간의 뇌는 상상에 응답하게 되어 있기 때문이다. 영국 옥스퍼드대학교 심리학과의 일레인 폭스Elaine Fox 교수는 "뇌는 현실과 상상을 구분하지 못한다. 따라서 집중적이고 꾸준한 상상만으로 몸과 마음에 영향을 줄 수 있다."고 한다.

그렇다면 부자는 무엇을 상상할까? 당연히 잘될 것을 상상한다. 이에 비해 가난한 자들은 최악을 상상한다. 그 감정이 결국 본인을 그렇게 행동하게 한다는 사실을 모른 채 자꾸 나쁜 쪽으로 상상하는 것이다.

잘되는 상상이 행복하게 한다

인간은 모두 중립적인 상태로 태어난다. 즐거움도 슬픔도 두려움도 분노도 없다. 다만 가능성만 있을 뿐이다. 그런데 성장 과정에서 부모의 영향, 교육, 여러 경험들을 접하면서 현재의 모습이 된 것이다.

정신과 의사인 데이비드 호킨스David Hawkins 박사는 감정과 행동이 어떻게 움직이는지를 '의식의 밝기'라는 개념으로 설명했다. 인간의 고통에 대해 언급한 그는 의식 수준을 1에서 1,000까지의 척도로 수치화하고, 인간이 지닌 부정적, 긍정적 에너지가 어떤 결과를 가져오는지를 집대성했다.

데이비드 호킨스의 의식 지도

의식의 밝기(Lux)	의식 수준	감정	행동
700~1,000	깨달음	언어이전	순수의식
600	평화	하나	인류공헌
540	기쁨	감사	축복
500	사랑	존경	공존
400	이성	이해	통찰력
350	포용	책임감	용서
310	자발성	낙관	친절
250	중용	신뢰	유연함
200	용기	긍정	힘을 주는
175	자존심	경멸	과장
150	분노	미움	공격
125	욕망	갈망	집착
100	두려움	근심	회피
75	슬픔	후회	낙담
50	무기력	절망	포기
30	죄의식	비난	학대
20	수치심	굴욕	잔인함

도표를 보면서 자신의 의식이 어떤 수준에 있는지 확인하라. 의식의 밝기가 50룩스인 무기력의 의식 수준이라면 그 사람의 감정 상태는 절망에 있다. 그 사람의 행동은 포기로 나타난다. 당연히 이 같은 감정과 행동 상태라면 부자 머니패턴을 갖출 수 없지 않을까? 반대로 의식의 밝기가 높을수록 부자 머니패턴에 가깝다.

우리의 의식은 에너지가 센 쪽으로 흐른다. 의식의 밝기가 200룩스 이상인 의식 수준으로 돈을 벌 때 건강한 부자가 될 수 있다. 용기, 중용, 자발성, 포용, 이성, 사랑, 기쁨, 평화, 깨달음의 의식 수준에서 돈을 벌어야 편안하고 기분 좋은 감정으로 돈을 벌 수 있다는 뜻이다. 그래서 행복한 부자들은 긍정적인 마인드를 갖기 위해 많은 노력을 한다. 그런 의식 중 하나가 바로 '상상'이다. 상상을 통해 환경이나 오감을 넘어 새로운 것을 꿈꿔보는 것이다.

최고령 후지산 등반자인 미국인 훌다 크룩스Hulda Crooks는 70세가 넘었을 때 친구와 이런 이야기를 했다.

"난 100살이 되기 전에 후지산을 꼭 오를거야."

옆에 있던 친구가 말했다.

"무슨 소리야? 70세가 되니 여기도 아프고 저기도 아프고, 제대로 걷기도 힘들어. 그런데 어떻게 후지산을 올라가? 그게 말이 돼?"

그러나 키가 153센티미터밖에 안 되는 자그마한 몸집의 크룩스 할머니는 끊임없는 운동을 통해 몸을 단련했고, 미국의 여러 산들을 정복한 것은 물론 후지산도 올라갔다. 그녀의 나이 91때의 일이었다.

친구였던 할머니가 휠체어에 몸을 의지한 채 하루하루를 보내고 있을 때, 크룩스는 산에 올라갈 수 있을 것라는 상상을 하면서 운동을 지속했고 결국 90대까지 100개에 가까운 봉우리의 등정에 성공했다.

우리의 뇌는 현실과 상상을 구분하지 못하기에 상상만으로 용기를 이끌어낼 수 있다. 이러한 상상은 과거 경험에 대한 해석에 기반하기 때문에 과거에 실패 경험이 많은 사람은 상상하기 힘들어할 수 있다. 그래서 두려움을 가진 완벽형의 사람들에게 가장 부족한 것이 바로 상상하는 힘이기도 하다.

상상은 우리의 뇌를 활성화시킨다. 돈을 벌고 싶다면 상상을 해야 한다. 원하는 목표 금액이 있는가? 그 돈을 모았을 때 증식할 방법을 가지고 있는가? 뇌는 구체화된 간절함과 일관성을 필요로 한다. 최대한 오감을 활용해서 구체적으로 상상해보자. 이를테면 오늘은 월급날이다. 그중 절반을 저축했다. 당신이 모을 돈의 목표액수가 3천만 원인데 그 돈을 다 모았다면 아마 저절로 미소가 지어질 것이다. 그 돈을 가지고 투자처를 찾고 있는데, 누군가를 통해 안전하면서도 정확한 투자처를 알게 되었다. 당신은 무슨 생각을 하겠는가? '역시 나는 할 수 있는 사람이었어', '나에게는 돈 벌 재능이 있어'. 상상만으로 행복하지 않은가? 긍정적인 상상은 변화의 에너지를 공급할 수 있다.

자신에 대한 믿음이 현실을 바꾼다

40대 후반의 여성이 돈을 모으지를 못하는 문제로 내게 상담을 하러 왔다. 그녀는 영업 실력이 아주 뛰어났는데도 이상하게 모은 돈이 별로 없었다. '열심히 일하는데, 최고의 매출을 찍고 있는데 왜 나에게 들어오는 돈은 이렇게 적을까'라는 생각을 자주 했다.

그 원인을 들여다보니 그녀는 회사와 이상한 계약을 맺고 일하는 중이었다. 그녀가 맡은 조직은 독립 체제로 운영됐는데, 연간 매출이 23억 원을 넘어야 성과급이 나왔다. 그래서 자기 아래의 직원들에게 월급을 주고 나면 정작 남는 게 없어서 그녀의 월급은 쥐꼬리만 했다. 열심히 뛰어다니며 영업하고 좋은 성과를 내도 본인은 빈털터리라니. 대체 왜 이런 이상한 계약을 맺었을까?

그녀가 맺은 계약은 교묘하게 노동을 착취하는 잘못된 계약이었다. 계약도 문제였지만, 더 큰 문제는 상담 중 밝혀진 심리패턴이었다. 가난한 집안 출신인 그녀는, 아버지의 강권으로 어릴 적부터 일을 시작했다. 그녀가 번 돈을 아버지는 큰아버지의 딸을 대학 보내는 데 썼다. 사실 그녀는 친구들처럼 고등학교에 다니고 싶었지만 아버지가 무서워서 한마디도 할 수 없었고 꽤 오랜 시간 집안을 위해 희생하는 삶을 살아야 했다.

안타깝게도 부모와 함께 살던 시절이 지나 성인이 된 지 한참이 지났는데도 어린 시절의 심리패턴은 그대로 이어졌다. 말도 안 되는 회사와의 계약은 심리패턴이 작용한 결과였다. 아버지가 무서워서 자신의 희생이 부당하다고 생각해도, 다른 의견이 있어도 한마디 못 했듯이 사회생활에서 뛰어난 능력을 발휘하고 있음에도 부당한 계약과 대우에 속수무책으로 당하고만 있었다.

나는 그녀의 심리패턴을 바꾸기 위해 이제까지 그녀의 삶을 둘러싸고 있던 무의식감정을 재조정하고자 했다. 그래서 그녀에게 마음속 슬픔과 두려움을 다독이면서 성공 경험을 계속 말하게 했다. 그러다 보면 '아, 나는 생각보다 할 수 있는 게 많은 사람이었구나'라는 깨달음과 함께 자신감을 회복할 수 있기 때문이다. 특히 다음 문장을 읽고 가슴 깊이 인식하라고 했다.

'나는 인정받을 수밖에 없는 사람이다.'

두려움을 덮는 새로운 심리패턴을 만들 수 있도록 매일같이 말하고 상상하면서 웃으라고 했다. 더 이상 당하며 살 수 없다고 판단한 그녀는 열심히 과제를 수행했다. 그리고 드디어 어린 시절부터 자신을 괴롭혔던 두려움의 심리패턴과 이별했다.

그녀는 당당히 회사에 사표를 냈다. 그제야 사장은 영업 베테랑인 그녀를 붙잡기 위해 새로운 계약서를 내밀었지만, 때마침 최고 연봉의 조건으로 다른 회사로부터 스카우트 제의가 들어왔다. 그렇게 그녀는 이직해서 새로운 직장 생활을 시작했다.

변화는 직장에서 그치지 않았다. 10년 만에 아버지를 만나러 간 그녀는 태어나 처음으로 아버지에게 대들었다. 10년 만에 만난 아버지는 어김없이 딸에게 돈 타령을 했다. "네 년이 나한테 해준 게 뭐가 있는데?" 평생 돈을 빼앗아 갔어도 아무 말도 못 하던 그녀가 아버지에게 대들었다. "아버지는 나를 고등학교 때부터 공장에 보내고 이제까지 돈을 뜯어갔으면 됐지 어떻게 그렇게 말을 할 수가 있어요!" 그녀의 아버지는 그 말에 대꾸조차 못 했다고 했다. 강력하게 자신의 의견을 다애기한 그녀는 더 이상 두려움에 떨던 어린 소녀가 아니었다. 스스로 굳건히 설 수 있는 어른이었고, 과거의 부당한 대우에 당당하게 맞설 수 있는 사람이었다.

"저를 새롭게 정의하고 두려움을 떨쳤더니 돈의 패턴도 전혀 다르게 움직이기 시작했어요. 월급이 많아지니 이제 카드 대출 같은 건 할 필요가 전혀 없어요."

그녀는 이제 돈을 잘 버는 사람이 되었다. 예전에는 아득바득 애쓰고 힘써서 돈을 벌었다면, 단 한 번의 쉼도 없이 돈 버는 데만 혈안이 돼 있었다면 이제는 다르다. 즐기면서 돈을 버는 사람이 된 것이다. 돈을 벌 수 있는 기회도 눈에 더 들어왔고, 점장으로 일하면서 다른 수입 경로도 만들 수 있는 사람이 되었다. 날마다 상상하면 자신의 성공을 그린 결과였다. 그녀의 심리패턴과 함께 머니패턴이 아예 바뀌었다.

운이 좋은 사람
vs 운이 나쁜 사람

최근에 운이 좋았던 일이 있는가? 쉽게 떠올릴 수 있다면 당신은 이미 부자 머니패턴의 입구에 서 있는 셈이다. 부자 머니패턴으로 가는 실마리는 재정 문제, 능력, 환경의 변화에 있지 않다. 의식을 바꾸는 데 있다. 특히 잘나가는 사람들은 대부분 '나는 운이 좋아'라고 생각한다.

몇 년 전만 해도 나는 '지지리도 운이 나쁜 사람이야'라고 생각했다. 하지만 새 집으로 이사하면서 그 생각이 완전히 뒤바뀌었다. 몇 번의 경험이 새로운 심리패턴을 만든 것이다.

지금 살고 있는 집은 당시 내가 가진 돈으로 구입이 불가능한 매매가로 책정돼 있었다. 앞에서도 언급했듯 동네가 재개발 지역 선정 문제로 얽혀 있어 집주인이 집을 빨리 팔고 싶어 하는 상황이었다. 부동산 사장 말로는 집주인이 10년 전 샀던 금액 그대로 내놓았다고 했다. 그런데도 현실적으로 나는 그 금액을 감당하기가 어려웠다.

일단 부동산에 매매가를 낮춰달라고 얘기한 다음, 집주인과 계약서를 쓰기 위해 만났다. 뜻밖에도 집주인은 내가 제안한 금액이 만족스럽지 못하지만 집 문제에서 하루빨리 벗어나고 싶다면서 내 요구를 들어주었다. 결과적으로 나는 매매가에서 4천만 원이나 싸게 집을 샀다. 전 주인이 10년 전에 구입한 금액보다 싸게 산 것이다. 그때 나는 생각했다.

'내가 얼마나 운이 좋은 사람인 거지?'

이사 오기 직전에도 기적 같은 일이 또 벌어졌다. 나는 원래 살던 집의 전세금을 못 받은 상태라 수중에 돈이 없었다. 이사 갈 집을 수리해야 했는데, 세입자에게 전세금을 주고 내보내야만 가능했다. 그러려면 당장 8천만 원이 필요했다. 어떻게 돈을 구할지 갖은 고민을 하던 끝에 갑자기 보험사가 생각나서 전화를 했다. 내 사정을 이야기하고 한 달만 돈을 빌리면 된다고 상담원에게 이야기하자 뜻밖의 소식을 알려주었다. 보험사에 생활자금 대출 제도가 생겼다면서 한도액 8천만 원까지 대출해주겠다는 것이 아닌가. 내게 딱 필요한 금액이었다. 다시 한번 '나는 정말 운이 좋구나'는 생각이 절로 들었다.

하지만 모든 일이 술술 풀렸던 것은 아니다. 이사한 뒤에 인테리어 공사를 했는데 이상하게도 공사가 착착 진행되지 않았다. 사정을 자세히 알아보니 인테리어 업자가 장난을 치고 있었다. 나는 공사비를 다

지불한 상태였다. 인테리어 업자는 계약서를 안 쓴 것을 들먹이며 소송을 걸든지 배 째라는 식으로 나왔다. 몇 천만 원이 그냥 날아가고 말았다. 한두 달은 억울해서 견딜 수가 없었다. 밤에 자다가도 벌떡 일어나서 식식거렸다. 그렇게 시간이 하루 이틀 지나고 나서 문득 이런 생각이 들었다.

'나는 정말 운이 좋은 사람이야. 자칫 몇 억 원을 날릴 수 있었는데 몇 천만 원으로 좋은 공부를 했잖아.'

예전에는 운이 없다며 맨날 불평불만을 일삼던 나였다. 심리패턴을 바꾸자 세상을 대하는 태도 자체가 완전히 달라진 것이다.

운이 좋다는 생각의 힘

운은 당신이 만들어가는 것이다. 이제라도 선택하라. 운이 좋다고 생각하면 인생에서 반드시 승리할 것이다.

미국 카네기 공과대학에서 '성공하는 사람의 자질'에 대한 연구를 진행했다. 연구 결과, 성공하는 사람은 어려운 순간을 잘 극복하는 사람이었다. 많이 배운 사람도, 유산을 많이 물려받은 사람도, 배경이 좋은 사람도 아니었다. 즉 '극복 지수'가 높은 사람이 성공 확률이 높았다.

누구나 살다 보면 위기의 순간이 온다. 이때 다시 일어설 수 있는 사람에게는 어렵고 힘든 상황을 극복할 수 있다는 믿음이 있다. 이는 다른 말로 '나는 운이 좋은 사람'이라는 마음가짐이다.

일본의 전설적인 경영인 마쓰시타 고노스케는 그야말로 자신이 운 좋은 사람이라고 말하고 다닌 대표적인 인물이다. 1894년에 태어난 그는 1918년 전기산업 내쇼날, 파나소닉 등의 기업을 설립했고, '끊임없는 창의적 연구를 통해 무에서 유를 창출한다'는 경영 이념을 세워 회사들을 세계적 기업으로 성장시켰다. 그는 늘 3가지에 대해 감사했다.

"첫째, 너무나 가난했기에 감사합니다. 그 덕분에 어려서부터 구두닦이, 신문팔이 등 안 해본 일 없이 다양한 경험을 할 수 있었습니다.

둘째, 너무나 허약했기에 감사합니다. 그 덕분에 건강에 신경 쓸 수 있었고 운동에 힘썼기에 나이 들어서까지 건강하게 지낼 수 있었습니다.

셋째, 너무나 배운 것이 없어서 무식했기에 감사합니다. 그 덕분에 모든 사람이 스승이었고 누구에게나 물어가며 열심히 배울 수 있었습니다."

그는 어떤 조건에서도 자신이 운이 좋다고 여겼고 주어진 상황에 감사했다. 운이 좋다는 마음가짐을 중시한 그는 회사 면접 때도 지원자들에게 반드시 질문했다.

"당신은 운이 좋은 사람입니까?"

마쓰시타 회장의 이야기를 읽고 나니 어떤 생각이 드는가. 그렇다. 운은 선택이다. 운이 정말 좋아서 운 좋은 일이 생기는 것이 아니라, 운이 좋다고 생각하기 때문에 운이 좋아지는 것이다.

웃어야 웃을 일이 생긴다

판교에 있는 서린바이오사이언스라는 회사는 연 매출액이 몇 백억 원이나 하는 회사다. 이 회사를 성장시키면서 '어떻게 하면 직원들을 더신나게 일하게 할 수 있을까?', '어떻게 하면 직원들에게 회사가 제2의가정이 될 수 있을까?'를 고민하던 회장님과 상무님은 '웃음 경영'을본격적으로 도입하기로 마음먹고 나를 찾아왔다. 회장님은 모든 직원들에게 웃음교육을 받게 했다. 물론 회장님 또한 적극적으로 참여했다.20년 동안 기업에 강의를 했지만 직접 교육에 참여하는 오너를 거의 보지 못했다. 하지만 황을문 회장님은 달랐다. 가장 적극적으로 참여하면서 몸소 직원들에게 모범이 되었다.

'일터를 즐겁게 할 수 있다면 회사의 운이 좋아지고 반드시 성장한다. 직원들이 웃으며 일해야 내가 살고 회사가 산다'는 경영철학이 분명하기에 직접 실천한 것이다. 이 철학은 웃음 경영을 도입한 지 7년이넘은 지금까지도 계속 이어지고 있다.

이 회사의 재미있는 것 중 하나는 '1분 웃음 트레이닝'이다. 외국 바이어에게 브리핑을 하기 전에 그들과 함께 웃는 시간을 갖는다. 투자를하든 안 하든 행복한 기분과 건강을 선물하기 위함이다. 고객에서 가장가치 있는 것을 무료로 제공하는 것이다. 물론 고객의 마음을 열게 하는 효과가 더 크지만 말이다.

웃다 보면 기분이 좋아진다. 기분이 좋아지면 일이 잘된다. 능력도오르고 아이디어도 샘솟는다. 직원들이 자연스럽게 운이 좋다고 여길 일들이 자꾸 생긴다. 일터를 즐겁게 할 수 있다면 회사의 운은 좋아진다. 그리고 반드시 성장한다. 위기를 만났더라도 기회를 얻게 된다.

운을 좋게 하는 가장 빠른 방법은 당신의 기분을 좋게 하는 것이다. 좋은 감정이 온몸에 돌도록 하자. 낮은 자존감, 허탈함, 허무함, 열등감, 분노, 슬픔, 외로움을 가지고 있다면 기회가 가까이 오다가도 지나가버린다.

이를 가장 간단히 실천할 수 있는 방법은 웃는 것이다. 웃음은 부정적인 감정을 즉각적으로 끊어버린다. 혹시 '웃을 일이 있어야 웃지!'라고 생각하는가? 그게 아니다. 웃어야 웃을 일이 생긴다!

지금까지 살아오면서 운이 좋았던 기억들을 찾아보자. 잠시 시간을 내어 다이어리나 노트에 죽 적어보는 것도 도움된다. 만약 운이 좋았던 일이 없다면 반대로 운이 나빴던 일들을 적어라. 내가 돈을 날렸던 인테리어 사건처럼 부정적인 일들 말이다. 그런 다음 그 일들에서 얻은 교훈, 깨달음들을 써라. 인생을 새롭게 재해석하는 순간 운도 같이 변하기 시작한다.

많은 사람들이 말한다. 과거가 당신의 삶이라고. 그러나 나는 말한다. "아니다."라고. 당신을 그것을 어떻게 받아들였느냐가 바로 당신의 삶이다. 우리는 과거의 사건들을 재해석함으로써 과거와 이별할 수 있다.

기질을 활용하는 사람
vs 기질을 활용 못 하는 사람

부자들도 각자 머니패턴이 다르다. 하지만 한 가지 공통점이 있다. 좋아하는 일과 능력을 발휘할 수 있는 곳에 에너지를 집중한다는 점이다. 그래야 돈 버는 재미가 있을 뿐 아니라 돈을 늘리는 확률은 높아지고 돈을 잃을 가능성은 낮아진다.

부자 머니패턴을 갖춘 사람들은 자신이 무엇을 잘하는지, 무엇을 하면 돈을 잘 벌 수 있는지를 안다. 이에 비해 가난뱅이 머니패턴에 빠져 있는 사람들은 자신 안에 어떤 능력이 있는지 잘 파악하지 못하는 경향이 있다. 따라서 자신이 무엇으로 돈을 벌 수 있는 사람인지를 알아야 한다. 그러기 위해 기질을 아는 것이 큰 도움이 될 테니 한번 기질 테스트를 해보자. 기질을 바탕으로 자신을 돌아본다면 지금 하는 일이 다르게 보이고 또한 어떤 일이 자신에게 가장 적합한지도 알게 될 것이다.

1. 큰 정사각형 안에 작은 정사각형이 그려진 아래의 그림을 보라.
2. 동그라미(○), 네모(□), 세모(△), 에스(S)의 도형 중 하나를 고른다.
3. 고른 도형을 크기, 위치에 상관없이 아래 그림에 3번 그린다.
4. 3번 그린 그 도형을 제외한 나머지 도형을 1번씩 그린다.(이를테면 동그라미를 선택했다면 큰 정사각형 안이든 작은 정사각형 안이든 3번 그리면 된다. 겹쳐도 상관없다. 그리고 네모 1번, 세모 1번, 에스 1번을 그리면 된다)

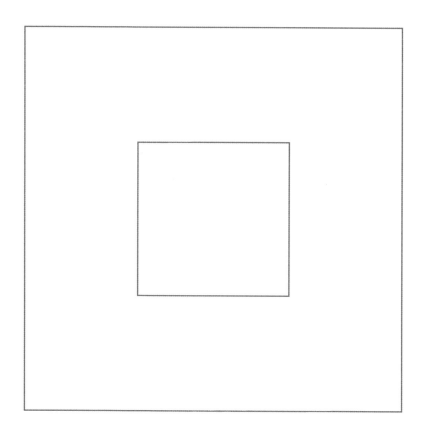

자신의 기질을 파악하라

사람마다 기본 기질이 있다. 앞에 제시한 기질 테스트는 이를 파악하는 간략한 방법이다. 한 가지 주의할 점이 있다. 기질에는 더 좋고 더 나쁜 것이 없다. 각자 성향에 따라 다를 뿐이다.

테스트에 임할 때는 너무 오래, 심각하게 생각하지 말고 문득 떠오르는 것을 마음대로 그려야 한다. 그렇게 해야 자신의 속마음에 제대로 접근할 수 있다.

다 그렸는가? 그림을 통해 당신의 기질을 해석해보자.

당신이 3번 그린 그 도형이 기본 기질을 의미한다. 동그라미를 3번 그린 사람은 '관계형', 네모를 3번 그린 사람은 '지식형', 세모를 3번 그린 사람은 '성취 지향형', 에스를 3번 그린 사람은 '창의적 예술가형'으로 분류하면 된다. 그리고 1번 그린 도형은 당신의 행동선호도를 보여준다.

선천적인 기질을 알고 기질에 따른 장점은 더 살려주고 단점은 보완하면 돈도 더 잘 벌 수 있고 행복하게 살 수 있다. 기질에 맞게 능력을 살리니 기분이 좋을 수밖에 없다. 이제 자신의 기질에 맞는 설명을 찾아 살펴보자. 단, 여기서는 트라우마 영역이나 우울증 같은 것은 다루지 않기로 한다.

기질이 안 나타나면 아직 깨어나지 못했거나 치유가 필요한 경우가 있을 수 있다. 그럴 경우에는 전문가에게 상담을 받아보는 것도 좋다.

각 기질별 특징과 장단점

관계형

장점	• 새로운 사람을 만나도 금방 형, 누나, 언니, 동생 사이로 지낸다. • 남들이 커피 한잔하고 싶어 할 만큼 편안한 느낌을 준다. • 잘 웃고 밝다. • 정보통이다. • 매사에 활기가 넘친다. • 말하는 것을 좋아해서 시끄럽기는 하지만 주변이 행복하다. • 인정받는 것을 아주 좋아한다.
단점	• 귀가 얇다. • 인정받는 것을 좋아해서 에너지가 밖을 향한다. • 사람을 잘 믿는다. • 밖에서 활동하다 보니 일은 대충대충 한다. • 하나를 알면 열을 아는 척한다. • 돈에 관심은 많으나 돈이 잘 새어나간다. • 감정 기복이 심하다.

관계형 유형은 어떤 능력을 키워야 할까? 인간관계에 뛰어난 능력이 있으므로 이를 통해 부자 머니패턴을 만드는 게 좋다. 이 기질을 타고난 사람은 좋은 관계를 맺으려고 애쓰지 않아도 자연스럽게 사람들과 잘 친해진다. 그래서 영업이나 장사 등의 일이 잘 맞는다. 그리고 대부분이 말을 잘하기 때문에 강연가, 연설가의 소질도 다분하다. 활동적이라 남에게서 정보를 많이 얻는 편인데, 즉각 활용하지 말고 반드시 검증을 해야 한다. 예를 들어, 부동산 정보라면 정보를 준 사람과 관계가 없는 다른 부동산 전문가에게 묻고 확인하라. 그렇게 하면 돈이 새어나가는 것을 막을 수 있다.

지식형

장점	• 묵직하다. • 성실하게 한 가지 일에 매진한다. • 많이 생각하고 결정하기에 실수하지 않는다. • 남들에게 신뢰감을 준다. • 마음이 바다처럼 넓은 호인이다. • 지식에 의해 움직이므로 잘 흔들리지 않는다. • 쉽게 화내지 않는다. • 안정적이다. • 남의 비밀을 들어도 잘 이야기하지 않는다. • 가정을 누구보다 잘 돌본다. • 말없이 조직을 뒤에서 잘 이끈다. • 일단 길을 정하면 끝까지 가는 성향이 있다.
단점	• 거의 안 움직일 수 있다. • 무엇을 원하는지 말을 하지 않기 때문에 주변에서 답답해한다. • 고집이 센 편이다. • 생각을 행동으로 옮기기까지 오랜 시간이 걸린다. • 사람들과 어울리는 것을 힘들어한다. • 마음속에 갈등이 많다. • 비전이 없어 보일 수 있다. • 평상시에 화를 잘 내지 않지만 일단 화내면 크게 폭발한다. • 싫다는 소리를 못 해서 주어지는 일이 산더미처럼 쌓인다.

지식형 유형은 지적인 영역에서 탁월한 능력을 드러내곤 한다. 뿐만 아니라 다른 유형들에 비해 인내력이 뛰어나 꾸준하게 노력해서 결국 좋은 결과를 낸다. 교육가로 성공한 사람들 중 지식형 유형이 많다. 낯선 사람들을 만나는 것을 그다지 좋아하지 않고, 본능적으로 책을 좋아하며, 탐구에 몰두하므로 정확한 정보를 갖고 있다. 당신이 지식형이라면 전문 지식을 최대한 활용하는 것이 좋다. 그리고 단기 투자보다는 장기 투자가 적합하다.

성취 지향형

장점	• 외향적이다. • 개혁과 변화 부분에 많은 에너지를 가지고 있다. • 통찰력이 뛰어나다. • 성취 욕구가 높다. • 일을 쉽게 한다. • 두려움이 없다. • 기획과 행정에 뛰어나다. • 직감이 뛰어나다. • 활동 에너지가 많다. • 설득과 동기부여를 잘한다. • 조직을 이끌어갈 수 있는 힘이 있다.
단점	• 일중독에 빠질 수 있다. • 인내력이 부족한 경향이 있다. • 화를 잘 내는 편이다. • 해결책 중심, 일 중심, 결론 중심이다 보니 남의 감정에 소홀하다. • 목적에 의해 관계를 맺는 경향이 있다. • 남들이 쉽게 다가서지 못한다. • 일하지 않으면 무기력해진다. • 협업하는 것보다 혼자서 일을 처리하는 데 익숙하다.

성취 지향형 유형은 추진력이 뛰어나고, 두려움이 없어서 결단을 잘 내린다. 이런 면모들이 사업하는 데 도움된다. 또한 인력을 어떻게 배치하고 관리해야 하는지에 대한 직감이 남다르며, 사람을 잘 설득하고 일하게 하는 동기부여 능력도 탁월하다. 방향과 비전을 보는 능력까지 갖추고 있어서 부자 머니패턴으로 옮겨가기 쉽다. 다만 협업할 사람들을 잘 꾸리는 것이 좋다. 특히 실행을 보좌할 수 있는 참모가 반드시 필요하며 선택과 집중을 할 때 성과를 낼 수 있다.

창의적 예술가형

장점	• 창의적이다. • 아주 독특한 면이 있다. • 예체능에 뛰어나다. • 독창적이다. • 튀는 매력이 있다. • 보는 눈이 다르다. • 아이디어가 많다. • 혼자서도 잘 논다. • 가장 에너지를 많이 낼 수 있는 유형이다.
단점	• 누구보다 감성이나 흐름에 민감하다. • 완벽을 추구한다. • 싫은 것은 절대 안 한다. • 무리와 잘 어울리지 못할 때가 있다. • 감정 기복이 심하다. • 까칠하다. • 예민하다. • 적응이 어렵다고 느낀다. • 공동체와 잘 연합하지 못하기도 한다.

　　창의적 예술가 유형은 창의적인 일에 뛰어나다. 이 유형은 독창적인 아이디어로 부를 창출한다. 디자이너, 예술가, 철학자 등의 직업이 적합하다. 당신의 끼를 살려라. 그리고 그 끼를 물질세계와 어떻게 연결할지 고민하자. 상품이든 문화든 예술이든, 부를 창출할 수 있는 아이디어를 찾아라. 예술세계를 물질세계와 효과적으로 연결하면 폭발적인 효과가 발휘된다. 단, 한 가지 조심해야 할 점이 있다. 물질세계를 열등하게 여기지 말아야 한다. 그런 생각 탓에 돈의 흐름이 막힐 수 있다.

사람마다 기질이 각기 다르다

내가 상담 세미나를 했을 때 기질 테스트를 진행했던 사람들 중 2명의 결과를 분석해보겠다. 다른 사람들의 결과를 통해 기질에 대한 이해를 넓히는 것 또한 바람직하다. 단, 자신의 것을 다 그리고 나서 보도록 하자. 다른 사람의 것을 먼저 보면 그 영향으로 내 진짜 기질을 살피기 어려울 수 있다.

50대 남성 자영업자의 테스트 결과

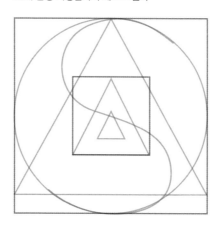

세모가 3개 그려진 이 사람의 기질은 '성취형'이다. 성취형인 사람들은 혼자서 동기부여를 잘하고, 목표가 세워지면 바로 행동에 옮긴다. 새로운 시도나 도전도 쉽게 하는 스타일이다. 도형의 크기는 그 유형이 발현되는 힘의 크기를 나타내는데, 세모가 크게 그려져 있어 성취 욕구가 상당히 강하다는 사실을 알 수 있다.

에스 도형은 자존감, 자기인식을 의미한다. 테스트지에 에스가 크게 그려져 있어 자존감이 상당히 높음을 확인할 수 있다. 이런 기질을 가진 사람의 머니패턴이 질러형이라면 선택과 집중이 필요하고, 쟁취형이라면 개인의 에너지가 너무 크기 때문에 다른 사람에게 부담을 주거나 윽박을 지르는 행동을 표출할 수 있다. 그런 점을 주의해야 좋은 관계를 유지하면서 행복한 부자가 될 수 있다.

40대 여성 전업주부의 테스트 결과

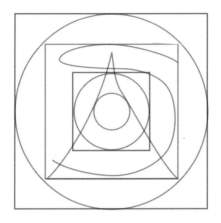

동그라미를 3개 그린 이 사람의 기질은 '관계형'이다. 사람을 좋아하고, 만남을 통해서 에너지를 얻는 유형이다. 실제로 대화하는 것을 아주 즐기는 사람이었다. 아버지가 의사인 부유한 집안에서 태어나 부자들과의 인적 네트워크가 잘 형성되어 있다. 세모가 큰 것을 보면 성취 욕구도 강하고 자신감도 넘친다. 그러나 세모가 조금 불안정한 모양으로 그려져 있음을 볼 때, 일상에서 성취감을 잘 느끼지 못하고 있다.

이야기를 들어보니, 본인은 무언가를 성취하고 싶은데 남편이 일을 못 하게 해서 오랫동안 기가 눌려 있었다고 한다. 관계를 통해서 돈을 벌 수 있고, 나아가 즐겁게 살 수 있는 기질이므로 남편과 진지하게 상의해 인간관계로 돈 벌 방법을 찾는 것이 좋다. 모든 면에서 에너지가 많은 사람이라 선택과 집중을 하면 성공할 수 있다.

즐기는 사람이 진정한 부자

지금까지 도형을 통해 기질에 대해 간략히 살펴보았다. 우리는 모두 다른 기질이 있다. 부자는 이 기질을 활용해 가장 적합한 방법으로 돈을 번다. 그래서 부자는 자신이 모르는 영역에는 별 관심이 없다. 이에 비해 가난뱅이 머니패턴을 가진 사람은 기질에 맞는 일을 못 하는 경우가 많다. 먹고사는 데 집중하다 보니 타고난 탁월한 기질이 있음에도 사장된다.

어떻게 하면 당신이 좋아하는 일과 잘하는 일을 돈과 연결시킬 수 있을까? 다음 4가지 항목을 읽고 따라해보자.

1. 다시 태어나면 하고 싶은 것들을 나열해라(비전 향상)
2. 그중에서 좋아하는 것을 찾아라(에너지 향상)
3. 그중에서 잘하는 것을 찾아라(능력 향상)
4. 어떻게 돈과 연결할지 계획을 세워라(실천력 향상)

앞의 3가지 항목의 답을 써내려가다 보면 공통된 것이 나오기 마련이다. 그것으로 어떻게 돈을 창출할지 생각해라. 성공의 열쇠는 자신의 기질에 있다.

2018년 글로벌 기업 로레알L'Oreal로부터 약 6천억 원을 받고 지분 100퍼센트를 넘긴 스타일난다의 창업자 김소희 대표는 즐기며 일해 성공한 대표적인 사례다. 옷을 좋아하고 다양한 코디를 즐기던 그녀는 우연히 동대문시장에서 산 원피스를 입고 찍은 사진을 인터넷에 올렸는데 많은 사람들에게 "그 옷을 어디서 살 수 있냐?"는 질문을 받았다. 이를 계기로 자신의 재능을 깨달은 그녀는 2005년 동대문 쇼핑몰에서 구입한 옷과 액세서리를 자신의 안목대로 매치해 온라인에서 팔기 시작했고, 여성의류 온라인쇼핑몰 국내 1위 자리를 지키며 창업 10년 만인 2014년 매출 1천억 원을 달성했다. 이후 화장품 브랜드 쓰리컨셉아이즈3CE까지 히트시키며 일본, 중국 등에도 성공적으로 진출했다.

돈을 버는 데는 여러 방식이 있다. 좋아하는 일을 하며 돈을 버는 것과 돈을 벌기 위해 일하는 것은 완전히 다르다. 물론 즐겁게 일하지 않더라도 돈을 벌 수는 있다. 하지만 행복한 부자는 될 수 없다.

일을 즐기면서 돈까지 창출하는 행복한 부자가 되고 싶다면, 좋아하고 잘하는 것을 찾아 갈고닦아야 한다. 미국 철강 기업의 전문 경영인이었던 찰스 슈왑Charles Schwab의 유명한 격언을 전한다.

"일을 사랑하지 않고 단지 돈을 벌기 위해 일하는 사람은 삶의 즐거움도 모를 뿐만 아니라 결국에는 돈도 벌지 못할 것이다."

제 **3** 장

자신의 머니패턴을
진단하라

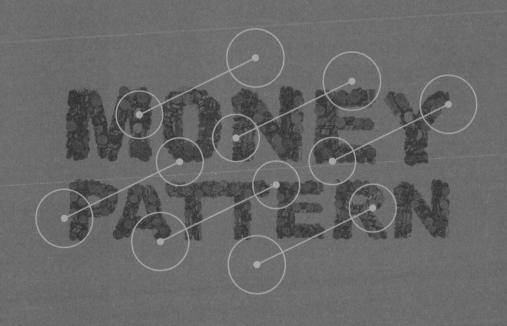

우리가 어떤 삶을 만들어나갈 것인가는
전적으로 우리 자신에게 달려 있다.
_하인츠 쾨르너Heinz Korner, 소설가

마음 깊이 뿌리내린
무의식감정을 찾아라

　　　　　　　　　　　　가끔 복권에 당첨돼 하루아침에 벼락
부자가 됐던 사람이 몇 년 만에 쫄딱 망했다는 뉴스를 접하곤 한다. 미
국의 거액 복권 당첨자 중에 90퍼센트 이상이 불행한 결과를 맞이한다
는 조사 결과를 본 적이 있다. 2002년 3천억 원이라는 어마어마한 금
액에 당첨된 사람은 5년 만에 거지가 되었다고 한다. 왜 이런 일이 생
겼을까? "야, 너 공짜로 돈을 벌었으니 나한테 돈 좀 줘라."라며 가족
이나 친척, 또 지인들이 계속 손을 벌렸을 수도 있고, 무작정 사업을 시
작해서 실패했을 수도 있다. 보다 근본적인 원인을 살펴보면 보통은 복
권 당첨자가 넘쳐나는 돈을 관리하거나 증식시킬 만한 그릇이 못 된 까

닭이다. 이런 사람은 심리패턴과 이에 영향을 주는 무의식감정부터 바로잡아야 한다. 돈에 대한 건강한 심리를 가지고 있지 않다면 자신이 관리할 능력 이상의 돈이 들어오면 겁부터 낸다. 그렇게 되면 증식은커녕 제대로 유지조차 할 수 없다. 빨리 써버려야 할 것 같은 무의식심리가 작동하기 때문에 공짜로 번 돈은 날개 돋힌 듯 날아간다.

무의식감정이란 무엇인가

사람의 마음속에는 '무의식감정'이라는 것이 있다. 우리의 마음 깊은 곳에 숨어 있는 핵심적인 감정 상태를 말한다. 이를 테면 화를 자주 내는 사람은 마음속에 분노라는 무의식감정을 갖고 있다. 작은 일에 눈물을 잘 흘리는 사람은 그리움이라는 무의식감정이 있다. 그런데 정작 그 사람은 그런 사실을 꿈에도 모른다. 무의식감정은 무의식에 뿌리내리고 있어서 본인은 눈치 채지 못하는 경우가 많다.

무의식감정은 크게 억울함, 외로움, 두려움, 열등감, 경쟁심으로 구분할 수 있다. 이는 상처에서 비롯된 부정적인 감정으로, 즐거울 때나 기쁠 때는 표출되지 않는다. 화가 나거나 슬프거나 스트레스를 받았을 때와 같이 이성으로 스스로를 제어하기 힘든 상황에서 불쑥 툭 튀어나온다. 이런 순간, 마음속 깊은 곳에서 밖으로 나오는 무의식감정은 그야말로 자기 본연의 감정이라 할 수 있다.

무의식감정에 대해 이해했다면 다음 질문에 대해 곰곰이 생각해보

라. 당신은 감정적으로 대처해서는 안 되는 상황에서 감정을 드러내 오히려 문제를 키운 경험이 있는가? 만약 그렇다면, 얼마나 자주 그랬는가? 그리고 사태가 얼마나 심각했는가? 이 질문에 대한 당신의 대답은 아주 중요하다. 여태껏 당신이 왜 원하는 삶을 살지 못했는지를 설명해주기 때문이다. 또한 당신이 왜 부자가 되지 못했는지까지 알려준다. 특히 당신의 대답이 '감정이 자주 앞섰고 어떤 경우에는 도가 지나쳐 가볍게 해결될 사태가 심각해진 적도 많다'라면 당신은 부정적인 무의식감정에 마구 휘둘리며 살아왔을 가능성이 높다.

무의식감정은 일단 형성되면 계속 영향력을 발휘하는 속성이 있다. 무의식감정이 형성된 계기와 비슷한 경험이나 사건이 발생했을 때 이성을 마비시키고 자동적으로 감정을 밖으로 드러나게 해 이전과 똑같이 반응하게 만드는 것이다. 무의식감정을 경계해야 하는 이유가 바로 여기에 있다. 이 감정들은 과거가 현재의 발목을 잡는 일들을 벌어지게 한다.

경계하는 데서 적극적으로 더 나아갈 수도 있다. 다행히 무의식감정은 관리가 가능하다. 여기에서 주목해야 할 점이 있다. 무의식감정은 단지 사람의 마음속에 내재되어 있는 감정일 뿐이지 감정 그 자체가 사람은 아니다! 이를 절대 혼동하지 말자. 무의식감정은 오래 지속될 수도 있지만 절대적으로 불변하는 성질의 것은 아니며, 얼마든지 노력에 따라 바꿀 수 있다. 1퍼센트의 의식이라도 알아차리고 인지하면 99퍼센트의 무의식을 통제할 수 있다. 더 이상 부정적인 무의식감정이 좌지우지하는 삶을 살지 말자. 이제부터 소개할 방법들을 통해 우리 인생의 방향을 바꿔보도록 하자.

인생에서 돈까지 지배하는 무의식감정

도대체 돈과 무의식감정은 어떤 연관성이 있을까? 무의식감정은 무의식적으로 사람의 일거수일투족을 지배한다. 돈에 대해서도 마찬가지다. 마음이 건강하지 않고 부정적인 무의식감정이 강력해질 때 돈은 반비례로 줄어든다. 심지어 앞으로는 돈을 많이 벌더라도 뒤로는 더 많이 날아가버린다. 결과적으로 수중에 돈이 없는 상태가 되고 만다. 즉, 우리의 머니패턴은 무의식감정을 그대로 따라간다.

머니패턴을 건강하게 만들기 위해서는 가장 먼저 무의식감정을 제대로 들여다봐야 한다. 120~124쪽에 자신의 무의식감정을 손쉽게 진단하는 방법을 소개해두었으니 이를 활용하기 바란다. 진단법을 통해 객관적으로 점검한 결과를 보면서 변화시켜야 할 점들을 찾아 해결해야 한다.

물론 무의식감정을 안다고 해서 머니패턴이 하루아침에 달라지지는 않는다. 금전적으로 이루고 싶은 목표와 이에 맞는 새로운 머니패턴을 정하고 시간을 들여 체계적으로 훈련할 필요가 있다. 잘못된 머니패턴을 버리고 새로운 머니패턴을 갖추기 위한 훈련은 다음의 3단계로 구성되어 있다.

첫째, 자신의 무의식감정을 재경험한다. 진단을 통해 발견한 무의식감정들을 직면해야 어린 시절의 경험으로 만들어진 잘못된 머니패턴에 더 이상 끌려다니지 않게 된다. 자신의 문제점을 파악하는 것, 이것이 시작이다.

나는 몇 년 전 진단을 통해 마음속에 외로움, 열등감, 억울함과 같은 무의식감정들이 자리하고 있다는 사실을 알았다. 그래서 이런 무의식감정들이 어디에서 왔는지 찾기 위해 어린 시절부터 현재에 이르기까지 주요한 경험들을 종이에 적어봤다. 예상보다 쉽지 않은 일이었다. 과거를 돌이켜보는 과정에서 눈물도 나고, 화도 나고, 억울하기도 했다. 좋지 않은 감정들이 떠오르니 도중에 그만두고 싶기도 했지만 이번에 못 하면 영영 기회가 없을 것이라는 생각이 들어 꾹 참고 끝까지 해냈다. 종이에 적고 나서 마음을 추스르고 객관적으로 이를 바라보려고 애썼다. 그러고 나자 내가 왜 돈을 잃는 머니패턴을 가지게 되었는지가 서서히 보이기 시작했다.

둘째, 금융 지식에 대해 공부해야 한다. 나는 사실 그동안 업무 때문에 부자나 기업체 CEO들을 만날 기회가 많았다. 그런데도 그들이 돈을 어떻게 벌었는지를 진지하게 알아보려고 하지 않았고, 대화 중에 그런 이야기가 나온다 해도 주의 깊게 새겨듣지 않았다. 그러나 나의 무의식감정이 무엇인지 확인하고, 부자와 거리가 먼 잘못된 머니패턴을 갖고 살아왔다는 사실을 깨닫고 진지하게 공부를 시작했다. 특히 나와 비슷한 상황에서 돈을 번 구체적인 사례들을 찾아서 공부했다.

셋째, 새로운 머니패턴을 설정해야 한다. 나는 우선 1년 안에 얼마를 모을지를 정하고 집에서 가까운 은행에 저축하기 시작했다. 저축을 먼저 한 뒤에 소비하는 습관도 들였다. 이 같은 결심을 하기 전에는 소비부터 하고 나서 저축했다. 그래서 항상 돈이 모자랐던 것이다. 심지어 아내는 유학 중인 딸에게 잠시 휴학을 권했다. 가던 길을 멈추는 것은 힘든 일이지만 때론 훨씬 더 높게 뛰기 위해서는 철저한 준비가 필요하다. 잘못된 머니패턴을 버리고 새로운 머니패턴을 가족 모두가 갖추는게 우선이었다. 꽤 많은 시간이 필요했고 인내해야 했지만 결과적으로는 아주 잘한 선택이었다.

무의식감정을 알아야 머니패턴을 바꾼다

이제 마음속에 자리한 무의식감정을 알아보도록 하겠다. 이와 함께 머니패턴도 진단할 수 있다. 각 항목들에서 평소 자신의 행동이나 감정에 가장 가깝다고 생각되는 것에 표시하고 개수를 세어 괄호 안에 쓴다.

1. 다음 항목들 중 해당 사항은 총 (   )개다.

항목	✓표시
남의 탓을 잘한다	
부모님 중에 한 사람이라도 무서운 성향이 있다	

항목	✓표시
화나면 분노로 폭발한다	
"불합리하다."는 말을 자주 한다	
권위자를 대단하게 여기지 않는다	
잘 쉬지 않는다	
조직 전체를 꿰뚫는 눈이 뛰어나다	
정직하다	
사람을 잘 믿는다	
논리적이고 합리적인 것을 좋아한다	
조직을 이끄는 능력이 있다	
내 뜻대로 타인들이 움직여줬으면 한다	
에너지가 늘 충만하다	
도전 욕구나 모험심이 강하다	

2. 다음 항목들 중 해당 사항은 총 (   )개다.

항목	✓표시
스킨십을 좋아한다	
남이 돈을 빌려달라고 하면 거절을 못 한다	
인정받을 때 좋다	
복잡하거나 몸으로 하는 것은 싫다	
직설적으로 얘기하지 않고 돌려 한다	
배우는 것을 좋아한다	
무슨 일을 할 때 불안하고 두려운 감정이 든다	
돈 관리는 내 영역이 아니라는 생각을 한다	

눈치를 잘 본다	
내 SNS에 덧글늘이 달리면 답글을 일일이 단다	
결정할 때 우유부단하다	
집에서는 거의 누워서 휴대전화로 이것저것 한다	
귀가 얇다는 소리를 남들로부터 잘 듣는다	
사람 만날 때 가장 행복하다	

3. 다음 항목들 중 해당 사항은 총 (   )개다.

항목	✓표시
모임에 나가서 한마디조차 안 할 때가 있다	
무슨 일을 시작하기가 쉽지 않다	
누가 말하면 그 정보를 전부 찾아본다	
남의 시선에 신경을 많이 쓴다	
성실하다는 소리를 듣는다	
생각을 많이 한다	
책임감이 있다	
계획하에 돈을 쓰는 편이다	
완벽하게 해야 한다	
새로운 사람을 사귀는 것이 힘들다	
속으로 비판적이며 판단을 잘한다	
투자보다 저축을 선호한다	
속에 분노가 많다	
주로 내가 옳다고 생각한다	

4. 다음 항목들 중 해당 사항은 총 (   )개다.

항목	✓표시
얘기 중에 다른 사람을 자주 탓하곤 한다	
술이든 일이든 중독되는 성향이 있다	
감정에 기복이 있다	
나를 남에게 잘 보이려고 포장한다	
과거 이야기를 많이 한다	
내 인생은 드라마 같다	
사람을 의심한다	
나는 돈을 쓸 때 상당한 스트레스를 받는다	
인정받지 못할 때 화가 난다	
돈이 줄어들면 불안하다	
가족에게 부당한 대우를 받았다고 생각한다	
혼자 있는 것이 편안하다	
용서할 수 없는 사람이 있다	
돈 관리는 내가 한다	

5. 다음 항목들 중 해당 사항은 총 (   )개다.

항목	✓표시
강하다는 소리를 듣는다	
정확한 분별력이 있다	
의욕이 넘쳐난다	
돈 없이 성공할 수 있다고 생각한다	

목표 지향적이다	
분노로 폭발을 잘한다	
경쟁적이다	
싫어하는 사람도 많지만 신경 쓰지 않는다	
새로운 것에 대한 두려움이 없다	
주변에 부자들이 많다	
주관이 뚜렷하다	
싫은 사람은 안 만난다	
사람의 말을 쉽게 듣지 않는다	
어디 가면 내가 주도해서 말한다	

모두 체크를 하고, 숫자를 적었는가? 그중 가장 많이 표시한 곳이 바로 당신이 의식하지 못한 사이 마음속에 자리한 무의식감정이다.

자, 이제 각각이 어떤 무의식감정인지를 알려주겠다. 1번은 억울함, 2번은 외로움, 3번은 두려움, 4번은 열등감, 5번은 경쟁심이다. 그러면 다음으로는 각 무의식감정이 지배하는 머니패턴을 소개하도록 하겠다.

질러형,
억울함의 머니패턴

억울함은 한국 사람들에게서 널리 나타나는 무의식감정 중 하나다. 왜 그럴까? 이에 대해 철학자이자 윤리학자인 손봉호 서울대학교 명예교수는 유교문화권 국가인 우리나라에 형성된 효도의 의미를 주목했다. 전통적으로 출세함으로써 부모의 이름을 알리는 것이 효도로 받아들여지면서 사회적인 성공을 지향하게 됐다는 해석을 내놨다.

"'반에서 1등을 하고 싶은 사람'을 조사한 결과 OECD 평균은 52퍼센트였지만, 한국의 경우 80퍼센트에 달했다. 강한 경쟁심은 열심히 노력하게 하는 장점이 있지만 상대적 박탈감과 시기 및 질투를 부르기 때문에 갈등이 심화되고 불행해지는 요인이 된다. 아직까지 한국 사회는 도덕성이 낮은 편이라 페어플레이 정신이 취약한 것 또한 문제다. 2018년 국제투명성기구가 발표한 자료에 따르면 한국의 투명성 지수는 세계에서 51위다. 일본은 20위, 대만은 29위, 아프리카 보츠와나는 34위다. 이런 구조가 인간을 불행하게 만드는 감정인 '억울함'의 근원이 됐다."

이렇듯 억울함은 한국 사회 전반의 풍조에서 비롯되는 경우가 많고, 살아가며 겪는 여러 일들로 인해 가슴에 품게 되기도 하고, 가정에서 부모의 영향을 받아 어릴 적부터 억울함을 느끼기도 한다. 특히 주목할 점은 억울함이 부모로부터 대물림되기도 한다는 것이다. 그리고 억울함이라는 부정적인 무의식감정이 대물림될 때 끔찍하게도 머니패턴까지 대물림된다.

인생에 왜 이렇게 억울한 일이 많을까

내가 만났던 중년 남성이 바로 그런 사례였다. 억울함 가득한 무의식감정과 함께 돈을 모으지 못하는 머니패턴까지 물려받아 고단하게 살고 있었다.

40대인 A의 아버지는 차남이었는데 부모를 모시고 살았다. 즉 어릴 적 A의 집에는 할아버지, 할머니, 아버지의 형제들 그리고 A의 가족이 함께 살았다. 당시에는 장남이 대부분 부모를 모시고 사는 시절이었고,

그래서 보통은 부모의 재산을 장남에게 물려주었다. 하지만 A의 큰아버지는 술독에 빠져 모든 재산을 탕진해버렸고, 그 탓에 차남이었던 A의 아버지가 집안을 건사했어야 했다. A의 아버지는 어려운 살림이었지만 동생들을 모두 뒷바라지했고 결혼까지 시켰다. 이 와중에 A의 할아버지마저 노름으로 집안 살림을 거덜 냈다. A의 아버지가 악착같이 모아서 겨우 송아지를 한 마리 사면 할아버지는 이를 홀라당 팔아서 노름으로 다 날려버렸다.

그러니 A의 아버지는 얼마나 억울했을까. A의 기억 속에서 아버지는 소리를 질러대는 사람으로 남아 있다. 아마도 소리치는 것이 본인의 억울함을 해소하는 방식이었을 것이다.

상담을 해보니 이런 환경에서 성장한 A의 마음속에는 억울함이 많았다. 아버지처럼 억울한 일을 직접 당하지는 않았지만 무의식감정이 대물림된 것이다. A는 남이 좋다고 하면 쉽게 돈을 투자하곤 했는데 언젠가 이런 사건이 있었다.

본인은 부동산에 대해 잘 모르는데도 누군가의 소개로 땅을 보러 간 적이 있다. 그 자리에서 부동산 업자가 땅 구입을 권유했다.

"오늘 안 사면 금방 팔립니다. 나중에 전원주택을 짓고 살면 정말 좋을 땅이지 않습니까? 그리고 이 동네의 부동산은 이런 귀한 정보는 잘 모르니 절대 물어보지 마세요."

A는 그 말에 쉽게 넘어가 덜컥 땅을 구입했다. 그런데 알고 보니 그곳은 그린벨트였다. 아무리 예전부터 알고 지낸 사이라 해도 부동산 업자의 말을 무턱대고 믿지 말고 그 동네의 부동산에 물어만 봤어도 좋았

을 텐데, 경솔한 계약으로 A는 큰 손해를 보고 말았다. 후에 A에게 한 전문가가 충고했다.

"언젠가 그린벨트가 풀리긴 하겠지요. 그런데 급하게 돈을 벌려고 하면 절대 안 돼요. 더 많은 투자를 해서 자산을 증식할 기회를 놓쳐버리거든요. 기회비용도 돈입니다. 10년은 기다려야 할 텐데 당신은 10년의 시간을 잃은 거지요."

이것이 억울함이란 무의식감정을 갖고 있는 사람들의 머니패턴, 일명 '질러형'의 전형적인 모습이다. 이들은 느낌이 오면 바로 행동에 옮긴다. '지르는' 것이다. 그러다 대박이 날 수도 있지만 쪽박을 찰 위험도 무척 크다.

또한 이들은 어느 정도 상대가 파악되면 지나치게 신뢰하는 경향이 있다. 그 사람 이야기의 진위 여부를 제대로 따지지 않고 믿어버리는 것이다. 그런 탓에 손해를 잘 본다. 손해를 봤으니 또 억울해져서 억울한 무의식감정은 더욱 커지고 단단해지고 만다.

자신이 어떤 심리패턴을 갖고 있는지를 알면 상황을 역전시킬 수 있다. 하지만 바꾸지 않으면 희한하게 자꾸 당한다. A는 같은 실수가 몇 번 있고서야 본인에게 문제가 있다는 것을 알아차렸다.

에너지가 너무 넘치는 사람들

억울함은 대단한 에너지다. 많은 한국인들을 괴롭게 하고, 또한 부모에서 자식까지 이어질 만큼 말이다. 이 부정적인 무의식감정을 떨쳐버리기 위해서는 반드시 한 가지를 기억해야 한다! 억울함은 이제까지 자신이 잘못 갖고 있던 감정이라는 사실이다. 착각해서 속아왔을 뿐, 억울함은 본래의 내 감정이 아니다. 나도 모르게 문화적으로, 부모로부터 영향을 받았을 뿐이다.

질러형은 앞만 보고 달리기 때문에 주변을 잘 살피지 않는다. 빨리 성공하고 싶은 열망이 커서 잘 속기도 한다. 결단력이 뛰어나고 열정적이라 부를 취할 수 있는 준비는 되어 있다. 이런 심리를 잘 아는 사기꾼들은 질러형을 호시탐탐 노린다. 그러니 돌다리도 두들겨본다는 마음으로 정확한 정보를 얻기 위해 노력하라. 그래야 실수도 없고 나쁜 머니패턴을 건강하게 변화시킬 수 있다.

당신이 질러형이라면 일단 기뻐하라. 당신에겐 인생을 바꿀 수 있는 충분한 에너지가 있다. 다만 에너지가 넘쳐서 급하게 행동할 수 있으니 약간의 훈련이 필요하다. 바로 '멈추는 것'을 훈련해야 한다. 생각보다 행동이 앞서지 않도록 단련해서, 투자 기회가 왔을 때 무턱대고 실행하지 않게 말이다. 시간을 들여 혼자 생각하고 점검할 필요가 있다. 나아가 그 투자 건에 대해 잘 아는 주변 사람들이나 전문가에게 조언을 구하는 시간을 갖는 것도 아주 좋은 해결책이다. 그러면 질러형은 빠른 시일 안에 성공할 가능성이 높다. 돈을 잃는 경우가 줄어들면 억울함이 강화되는 일도 자연스럽게 줄어들면서 무의식감정에도 변화가 오기 마련이다.

그렇다면 질러형이 추구하는 목표는 무엇이며, 어떤 방향으로 나아갈 때 머니패턴이 건강해지는지를 살펴보자.

특징	· 앞뒤를 살피지 않고 저지른다. · 한 방에 성공하고 싶어 하고 단번에 돈을 벌고자 하는 욕망이 크다. · 언제나 시작할 준비가 되어 있다. · 모험을 감행한다. · 사람을 믿다 보니 판단력이 흐려질 수 있다. · 도전하는 기질 탓에 사소한 것을 놓칠 수 있다. · 두려움이 없고 환경을 잘 헤쳐 나간다. · 쉽게 주의가 산만해질 수 있어서 절제가 필요하다. · 불쌍한 사람을 보면 앞뒤를 안 재고 무조건 도와주려고 한다. · 지금 이 순간의 행복을 중요시한다.
목표	오늘 지금 여기에서 행복해야 한다.
해결 방법	· 못 먹어도 고go하면 안 된다. 먹기 전에 스톱stop해야 한다. · 쉽게 벌고 쉽게 잃는 머니패턴을 끊기 위해서는 성실함을 기본으로 삼아라. · 혼자서 결정하지 말고 주위에 묻고 전문가에게 조언을 구하라. · 당장 결정하지 말고 잠시 미뤄라. 떡을 급히 먹으면 체한다.

신중함이 최고의 답이다

A는 머니패턴 코칭을 받고 달라지기 시작했다. 자신의 무의식감정과 머니패턴을 파악하고 나서 건강한 머니패턴으로 바꾸기 위한 연습에 돌입했다. 즉시 실행하던 일들을 잠시 멈추는 연습을 했다. 그즈음 지인들이 그에게 함께 조합원 아파트를 사자고 제안했다.

"하나밖에 안 남았으니 빨리 사야 합니다."

"내일이면 물건이 없어질 것 같아요."

예전 같으면 상대방의 말만 믿고 계약금을 가지고 가서 그날 바로 일을 저질렀을 A였다. 그러나 이번에는 그렇게 하지 않았다. 대신 여기저기에 전화를 걸었다. 정확한 정보인지를 물어보기 위해서였다. 조합원 아파트에 대한 경험이 있는 사람들에게 전화를 걸어 정보를 파악했다. 혼자서 직감으로 결정하던 질러형 머니패턴에 브레이크를 건 것이다. 충동적이고 조급한 그에게 이것은 엄청난 변화였다.

그 과정을 거치며 그는 조합원 아파트에 대해 좋은 조언들을 들었다. 첫째는 추가 분담금이 있는지 알아볼 것, 둘째는 지주들과의 토지 보상 문제가 해결됐는지 알아볼 것, 셋째는 주변 시세를 반드시 알아볼 것 등이었다. 그 내용들을 하나하나 따져본 결과 그 조합원 아파트는 주변 시세보다 비싸게 계약되고 있어서 장점이 없었다. 결국 A는 계약을 포기했다.

그 일을 계기로 A는 마음가짐을 바꿨다. 돈을 쉽게 잃곤 했던 잘못된 머니패턴이 좋은 방향으로 수정된 것이다! 그는 아무리 남들이 "빨리 투자해야 한다."고 재촉해도 현혹되지 않기 위해 노력하게 됐다. 투자 여부를 고민하고 조언을 구하기 위해 시간을 먼저 확보한 뒤 이렇게 생각하게 됐다.

'최종적으로 결정 내리기까지 남아 있으면 내 것이고 아니면 내 것이 아니다.'

그렇다. 질러형은 여유를 가지면 실수를 하지 않는다. 질러형에게 결정을 다음으로 미룬다는 것은 쉬운 일이 아니다. 하지만 일단 자신의 행동에 브레이크를 걸어서 득을 본다면 이를 계기로 충동적인 결정을 절제하는 힘이 서서히 길러진다. 돈이 사라지는 것은 순간이다. 특히 질러형에게는 더욱 그렇다. 돌다리도 신중하게 두들겨보는 습관은 질러형을 건강한 머니패턴으로 향하게 하는 가장 확실한 안내자인 셈이다.

질러형이 절제할 수 있는 몇 가지 실용적인 방법들을 소개한다. 이 방법은 바로 다음에 소개할 팔랑귀형에게도 아주 유용하다.

- 충동구매를 쉽게 하는가? 그렇다면 아예 신용카드를 사용하지 말아야 한다. 정해진 금액만 사용 가능한 직불카드를 써라. 더 좋은 방법은 현금만 가지고 다니는 것이다. 이렇게만 해도 충동구매를 많이 줄일 수 있다.
- 사고 싶은 것이 있으면 당장 사지 말고 생각해보는 시간을 가진다. 시간이 지나면 희한하게도 그 물건에 대한 욕구가 사라지는 경우가 많다. 그때도 반드시 구매해야 하는 물건인지 다시 판단해보자.
- 남들의 "돈 빌려달라."는 소리에 무조건 "아니오."라고 대답한다. 도저히 거절하기 힘들다면 누군가와 의논한 다음 결정하겠다고 말한다. 부모라든지, 배우자라든지 말이다. 상대에게는 본인이 돈을 빌려줄 때는 그 사람들의 의견이 필요하다고 잘 설명한다.
- 돈을 빌려줬는데 갚을 생각이 없는 사람이 있다면 한번쯤 "돈을 갚으라."고 의사를 밝혀라. 그런 뒤에도 아무 소식이 없다

면 신경을 끊자. 차라리 그 사람을 위해 마음껏 축복하라. 언젠가는 다른 형태로 당신에게 돌아올 것이다.

· 투자 정보를 들었으면 단독으로 결정하지 말라. 반드시 주변 사람들이나 전문가에게 한 번 더 물어보라. 이때 정확한 정보를 얻는 게 핵심이다.

팔랑귀형,
외로움의 머니패턴

습관적인 감정이 삶의 날씨를 결정한다. 보통 어떤 감정으로 사는가? 그 감정이 당신의 삶을 흐리게 만들기도, 맑게 만들기도 한다. 그래서 감정에 휘둘려 살지 않으려면 감정을 날마다 세팅하는 훈련이 필요하다. '내가 누구인지' 그 안에서 '누려야 할 참된 나의 감정이 무엇인지' 날마다 되새기고 선택해야 한다. 그래야 그동안 습관과도 같았던 왜곡된 무의식감정과 돈을 잃기만 하는 머니패턴에서 빠져 나올 수 있다.

이번에는 오랫동안 나를 괴롭혔던 잘못된 머니패턴의 이야기다. 바로 외로움이란 무의식감정에서 비롯된 머니패턴이다. 유독 나는 남들에게 자주 돈을 빌려주었다. 돈이 필요하다는 이들의 말에 쌈짓돈을 빌려준 적도 있고, 심지어 대출까지 받아서 빌려준 적도 있다. 그런데 문제는 이 돈들을 되돌려 받지 못한다는 것이다. 당연히 받아야 할 돈인데도 "내 돈 달라."는 소리를 하는 게 너무 힘들었다. 계속 이런 일이 반복되자, 어느 날 아내가 화를 내며 말했다.

"당신은 맨날 똑같은 패턴으로 돈을 잃고 있어!"

그러면서 내게 무의식감정을 테스트해보라고 말했다(이 책의 공저자인 내 아내도 심리학 박사다). 테스트 결과 외로움, 열등감, 억울함이 1위, 2위, 3위로 나왔다. "그러면 그렇지."라더니 아내가 또 따져 물었다.

"당신이 가장 좋아하는 애창곡이 뭐지?"

내가 좋아하는 노래는 해바라기의 〈사랑으로〉라는 노래다. '내가 살아가는 동안에 할 일이 또 하나 있지. 바람 부는 벌판에 서 있어도 나는 외롭지 않아'라는 노래를 부르면 정말 내가 벌판에 서 있는 모습이 눈앞에 그려진다. 이런 이야기를 아내한테 들려주는데, 갑자기 아내가 소리를 질렀다.

"잠깐 멈춰봐. 나는 벌판에 서 있어도 외롭지 않아? 외로움이네, 외로움의 함정에 빠져 있네."

그러면서 "외로움에 빠져 있으면 정말 자기답게 살 수 없어."라고 충고했다. 아내의 한마디에 순간, 나는 마음속에 꽁꽁 숨어 있던 무의식감정이 무엇이었는지를 비로소 깨달았다. 다른 사람들을 상담해줄 때는 객관적인 입장이 되던 나조차 내 문제 앞에서는 그러기가 쉽지 않았던 것이다.

그때 너무나 외로웠던 어린 시절이 문득 생각났다. '왜 나는 혼자지? 왜 내 옆에는 엄마, 아빠가 없지?'라는 생각을 자주 했었다. 초등학교 교사로 전근이 잦던 아버지는 어린 나를 고생시키지 않으려고 할아버지, 할머니 집에 맡기셨다. 형, 누나들과도 나이 차이가 꽤 났던 터라 같이 놀 상대가 별로 없었다. 어린 나이였지만 외롭다고 느꼈다. 그래서 나는 할머니와 강한 애착관계를 형성했고, 특히 깜깜한 저녁이 되면 할머니 곁을 떠나지 않았다.

이것이 나의 삶의 패턴이 될 줄 누가 알았겠는가? 그 패턴이 돈과 관련해서도 내게 큰 영향을 줬다는 것을 깨닫고 놀라지 않을 수 없었다.

애창곡에서도 나타난 나의 외로움

그렇다. 나의 무의식감정은 외로움이었다. 사랑받기 위해, 인정받기 위해 남들에게 돈을 아낌없이 썼다. 이 패턴 탓에 가장 힘들었던 것은 아내다. 아내의 현명한 문제제기가 없었다면 외로움이 내가 아니라는 사실을 몰랐을 테고, 여전히 아내와 갈등을 겪으면서 이유조차 모른 채 내 외로움과 힘든 싸움을 이어가고 있었을 것이다.

'그토록 남들을 쉽게 믿었던 이유들이 바로 여기 있었구나!'

가족보다도 남을 더 믿어서 반복적으로 돈을 잃던 패턴을 발견한 순간, 몸서리가 쳐졌다. 그리고 다시는 쓸데없이 돈을 잃지 않을 수 있는 실마리를 찾았다.

외로움의 행동패턴은 금전 문제뿐만 아니라 가족관계에서도 나타났다. 할머니와 거의 단둘이 보내다시피 했던 유년 시절이 지난 뒤, 나는 학업을 위해 초등학교 6학년 때부터 읍내로 나가 자취를 시작했다. 식구들이 북적이는 가정에서 지낸 시간이 내게는 없었다. 그래서였다. 결혼 후, 집에서 밥 먹을 때가 되어 밥상이 차려지면 나는 자연스럽게 화장실을 가곤 했다. 내가 그러는 줄조차 몰랐다. 뒤늦게 분석해보니 여러 식구들과 있는 것이 불편했기에 은연중 그런 행동을 했던 것이다.

사실 나는 사람을 좋아하는 관계형 인간이다. 그렇지만 어린 시절에 경험하지 못한 따뜻한 가족애는 왠지 편안하지 않았다. 대신 다른 사람들을 통해 마음 깊이 자리한 외로움을 채우려고 했었다. 이 외로움 탓에 사람들이 돈을 꿔달라고 하면 거절하지 못했다. 돈을 빌려주지 않으면 무의식적으로 그 사람이 나를 떠날 수 있다고 여겨서였다. 이처럼 누가 부탁하면 전부 들어주기 때문에, 외로움이란 무의식감정을 갖고 있는 나 같은 사람의 머니패턴을 '팔랑귀형'이라 한다.

사람을 믿는다는 면에서 질러형과 비슷하지만 팔랑귀형은 질러형보다 더 심각하다. 그나마 질러형은 확신이 가면 믿지만 팔랑귀는 말 그대로 다 믿어버린다. 열 사람이 말하면 열 사람의 말이 전부 옳다고 생각한다. 순수하다고 해야 할까 아니면 어리석다고 해야 할까? 아무튼 사기를 당하기 가장 쉬운 유형이다.

사랑이 많고 사람을 좋아하는 사람들

외로움의 점수가 높은가? 상관없다. 외로움과 당신은 동격이 아니다. 당신은 원래 사랑이 많고 사람을 좋아한다. 이런 사실을 알고, 이제부터는 외로움이란 부정적인 무의식감정에서 벗어나면 된다. 그렇게 하면 더 이상 사람에게 끌려다닐 일이 없다. 또한 외로움에서 비롯된 잘못된 머니패턴에도 변화를 가져올 수 있다.

외로움이 심해지면 중독에 빠지는 경향이 있다. 중독의 현상은 여러 가지다. 우선 사람을 지나치게 믿을 수 있다. 이런 팔랑귀형은 연애할 때 건강하지 못한 인간관계를 맺는 경우가 많다. 독립된 성인으로서 공통점을 만들어나가기보다 상대방에게 맞춰 의존적인 태도를 취하거나, 완전히 반대로 상대방이 나만 바라보게 하려고 애쓰기도 한다. 또한 팔랑귀형은 이성에게 끝없이 선물을 사준다. 소비가 팔랑귀형의 머니패턴이다. 상대방이 선물을 안 좋아하면 쉽게 상처받거나 삐친다. 그러다가 헤어지면 어떻게 될까? 헤어지면 완전히 돌변해서 그 사람을 욕하고 다니거나 우울증에 빠지기까지 한다. 또한 사람이 떠난 자리를 또 다른 사람으로 채우려고 한다.

조직에서는 사람을 지나치게 믿어 탈이 나기도 한다. 몇 년 전 모 건설회사 회장님을 상담한 적이 있다. 그 회장님은 우울증을 앓고 있었는데, 알고 보니 회사 재정을 모두 맡겼던 임원이자 친구가 돈을 빼돌린 사건이 있었다. 그 사건으로 잘나가던 회사가 한참 동안 위태로웠다며 이후로 사람이 두렵고 우울하다고 고백했다.

이런 측면에서 팔랑귀형은 앞에서 다룬 질러형하고 비슷한 면이 많다. 하지만 질러형은 일 중심으로 방향이 흐르고, 팔랑귀형은 사람 중심의 방향으로 흐른다. 그리고 팔랑귀형은 질러형보다 더 심하게 앞뒤 가리지 않고 사람을 신뢰하고 돈을 쓴다. 그래서 돈을 가장 쉽게 잃을 수 있는 머니패턴이기도 하다.

팔랑귀형은 사람 외에도 술, 일, 도박, 미디어, 쇼핑 등에 잘 빠진다. 자신을 위해 끊임없이 무엇인가를 사서 허한 마음을 채우려고도 한다. 그들을 들여다보면 공통점이 분명하다. 외로움을 채우고 싶은, 즉 사랑받고 싶다는 마음이 강하다.

한번은 어느 40대 여성이 남편 탓에 속이 터진다며 내게 속사정을 털어놓았다.

"제가 창피해서 가까운 사람에게도 털어놓지 못했는데요, 저희 남편이 3년 만에 자동차를 10번도 더 바꿨어요."

그 부부는 사업 부도로 거주하던 아파트를 넘기고 20평짜리 빌라에 살고 있었다. 집은 줄였지만 자동차는 줄이지 못했다. 가정의 재정 상태가 그토록 안 좋은 상황이었으나 외제차와 캠핑카까지 갖고 있었다. 문제는 그녀의 남편이 필요도 없는 자동차를 끊임없이 구매하고 되팔기를 반복하는 것이었다. 어떤 차는 타보지도 않고 처분하기까지 했단다. 당연히 금전적 손해가 늘어났다. 하지만 이미 그녀의 남편에게는 무언가를 사는 것만이 행복이고 만족이었다. 안타깝게도 그는 외롭고 공허한 마음을 소비로 채우려 애쓰고 있지만 진정으로 채우지 못해 의미 없는 일을 반복 중이었다.

그렇다면 팔랑귀형이 추구하는 목표는 무엇이며, 이들이 어떤 방향으로 나아갈 때 머니패턴이 건강해지는지를 살펴보자.

특징	• 세상 물정 모르는 천진난만한 스타일이 많다. • 돈에 대해 현실도피적인 생각을 한다. • 충동적으로 물건을 사면서도 카드값 걱정을 안 한다. • 다른 사람의 의견에 쉽게 설득된다. • 버림받거나 혼자 있는 것을 힘들어한다. • 다른 사람이 자기를 이끌어주기를 바라기 때문에 힘 있는 배우자를 택한다. • 우유부단해서 결정하는 것에 남의 눈치를 많이 본다. • 경제적으로 의존하고 무력감을 느낀다. • 상대가 상처받을까 봐 이야기를 돌려 하고, 이 때문에 남이 내 말을 잘 알아듣지 못한다. • 남에게 잘 보이려고 한다. • 외모에 신경을 많이 쓴다.
목표	버림받지 않고 인정받는 것이다.
해결 방법	• 나는 이미 사랑받는 존재라는 사실을 알아야 한다. • 혼자서 결정하고 무엇이든 스스로 해내는 독립성을 키운다. • 버림받는 것에 대한 공포에서 벗어나라. • 자신을 성찰하는 내면의 힘을 키워라. • 목표 의식을 분명히 하라.

목표와 계획에 집중하라

팔랑귀형은 누구보다 마음이 따뜻한 사람이다. 사람들이 늘 가까워지고 싶어 할 만큼 부드럽다. 아이 같고 순수해 보이는데, 실제로 겉과 속이 똑같다. 이들은 결핍된 사랑 욕구, 인정 욕구가 채워지고 나면 누구보다 건강한 관계를 유지할 수 있는 사람이 된다.

팔랑귀형에게 필요한 것은 목표와 계획이다. 목표와 계획에 에너지를 두면 사람에게 지나치게 의존하거나 이끌리지 않는다. 또 하나, 팔랑귀형은 자신이 누구인지를 분명히 알고 자신에 대한 소중함을 잊지 말아야 한다. 외로움은 자신이 바뀌지 않는 한 채워지지 않는다. 소비를 할 때 느끼는 감정은 진짜가 아니다! 인간의 공허감은 온전한 사랑 이외에는 채울 수 없다는 것을 명심하도록 하자.

안다는 것만으로 왜곡된 머니패턴이 저절로 바뀌지 않는다. 자신을 이겨내는 훈련이 반드시 필요하다. 무의식 깊이 뿌리내린 부정적인 무의식감정을 긍정적으로 변화시키려면 지속적이고 반복적인 실천이 필요하다.

이를 위해 '1만 번 쓰기'를 추천한다. 우선 자신이 사랑받았던 크고 작은 경험들을 하나씩 떠올리자. 그렇게 머릿속으로 과거의 체험들을 되새긴 뒤에 종이를 꺼내 이렇게 써 내려가라.

'나는 사랑받는 사람이다.'

성공하는 사람들은 목표를 달성하기 위해 1만 번 쓰기 같은 행위를 하기도 한다. 하물며 나를 찾기 위해서 못 쓰겠는가? 1만 번이라는 수 없이 많은 횟수를 쓰다 보면 별별 생각이 다 들 것이다. '내가 언제 사랑을 받았어?', '이런 고백이 맞아?'라는 내면의 소리들을 듣기도 할 것이다. 그래도 포기하지 마라. 계속 써 내려가라. 5천 번이 넘어가면 조금씩 조금씩 바뀌는 것이 느껴지기 마련이다. 그리고 이 작업을 마친 뒤에는 누가 당신에게 상처되는 말을 던지더라도 이렇게 반응하게 된다.

'그러거나 말거나 나는 사랑받고 있는데, 뭐.'

바로 이것이 외로움을 심하게 타던 무의식감정이 건강하게 치유됐다는 증거다.

1만 번 쓰기를 통해 무의식감정을 변화시키면 당신의 인간관계는 건강해진다. 나아가 더 이상 낭비하지 않는 머니패턴까지 갖게 된다.

완벽형,
두려움의 머니패턴

마음속에 두려움이라는 무의식감정이 자리한 사람들이 있다. 내가 상담을 진행했던 청년 중에 서울대학교 학생이 있었다. 자기성찰 지수도 뛰어나고 무척 성실한 남학생이었다. 그런데 청년은 불안증과 공항장애를 앓았다.

"저도 다른 친구들처럼 수업 시간에 발표도 하고 질문도 하고 싶어요. 그런데 교수님이 저를 지목해 질문이라도 하실까 봐 저도 모르게 구석에 앉아 고개를 푹 숙이게 돼요. 최대한 눈에 띄지 않으려고요. 심장이 너무 뛰어서 견딜 수가 없어요."

"이런 자네 모습을 스스로 어떻게 생각하지?"

"바보보다 더 심한 병신 같아요."

청년은 심하게 자책했다. 이 똑똑한 청년이 왜 매사에 두려움을 느끼게 됐는지, 과연 근원이 어디인지 알아보기 위해 상담을 이어갔다. 오랜 대화 끝에 청년은 할아버지와 아버지에게 두려움을 갖고 있음을 알게 됐다. 그래서 그들과 비슷한 존재인 대학교수까지 두려워하게 된 것이다.

"교수는 네 아버지, 할아버지가 아니야."

청년이 잘못 생각하고 있는 점을 짚어준 뒤에 간단한 과제를 내주었다. 첫째, 식당에 가서 반찬이 부족할 때 "이모, 반찬 더 주세요." 하고 크게 요청한다. 둘째, 자신에 대한 칭찬 100가지를 써본다.

그 청년에게는 두려움을 없애기 전에 우선 스스로에 대한 관점을 바꾸고, 용기도 내보는 훈련이 필요했다.

이 청년처럼 완벽형은 마음속에 갈등이 많다. 이들의 화살은 주로 자신에게 간다. 완벽형은 똑똑하고 능력이 많으며 모든 일에 철두철미하다. 같이 일하는 사람들을 편하게 해주기까지 해서 어딜 가도 인정을 받는다. 조직에서 참모 역할도 훌륭히 해낸다. 그런데 완벽형에게 행복지수를 물어보면 뜻밖에도 꽤 낮다. 완벽하지 않으면 안 되는 두려움이 있고, 자신뿐 아니라 주변 사람들에 대한 기대수준이 너무 높아서다. 이런 유형이 가족 구성원 중에 있다면(특히 아버지라면) 그 사람으로부터는 칭찬을 기대하기 힘들다.

뭐든 완벽하게 하느라 사는 게 피곤하다

완벽형과 앞에서 다룬 질러형, 팔랑귀형의 차이점을 알아보겠다. 자, 다음의 질문에 한번 답해보자.

'당신에게 여행을 떠날 수 있는 휴가가 주어지면 어디로 갈 것인 가? 얼마를 가지고 갈 것인가? 언제 갈 것인가? 누구랑 갈 것인 가?'

머니패턴 유형별 반응은 이렇다. 질러형은 주저 없이 여행을 떠난 다. 그들은 생각한다.

'망설일 게 뭐 있어? 카드 한 장만 있으면 되지.'

해외라도 상관없이 비행기 표를 끊고 여행 책자 하나 챙겨서 바로 출발한다.

팔랑귀형도 질러형만큼 들떠서 여기저기 전화하느라 바쁘다. 그들 에게는 누구랑 가는지가 가장 중요한 문제다. 하지만 언제 출발할지는 불확실하다. 일행을 구하기 위해 전화했지만 이런저런 이야기를 즐겁 게 하느라 시간을 보낸다. 때로는 무엇 때문에 전화했는지조차 잊어버 릴 가능성이 높다.

완벽형은 책상에 앉아 가족과 함께 여행할 계획을 세운다. 남들하고 여행 가는 것은 낯설고, 가족을 집에 두고 가는 것도 불안하다. 그래서 가족과 떠나는 것을 선호한다. 기간은 2박 3일을 넘기지 않는다. 그들은 얼마를 가지고 갈지, 가서 돈을 어떻게 쓸지를 계획하는 데 가장 신경을 쓴다. 미리 정해두어야 속이 편하기에 이들에게는 집을 떠난다는 것, 즉 일상을 떠나는 것 자체가 스트레스다.

그럼에도 책임감 강하고, 뭐든 완벽을 추구하려고 하는 완벽형은 밤을 새워서라도 여기저기 인터넷 사이트를 뒤져서 완벽한 계획을 짜놓는다. 이런 이유로 여행가는 날부터 이미 지쳐 있기 십상이다. 완벽한 준비에 에너지를 쏟아붓느라 막상 여행지에서 신나게 놀 힘이 남아 있지 않다.

확실한 결과를 예상해야 움직이는 사람들

완벽형의 머니패턴은 어떨까? 40대 후반의 남성 B의 사례를 통해 알아보겠다. 어느 날 B가 아버지에게 전화를 걸어 의견을 물었다.

"아버지, 이 아파트를 팔아서 다른 집을 사면 어떨까요?"

그 집은 아버지가 아들 B에게 사준 집이었다. 아버지는 펄쩍 뛰면서 말렸다.

"얘야, 절대 팔지 마라. 그러다 돈 날린다. 주변 사람의 말도 믿지 말거라. 다들 너를 속이려 드는 사람들이야. 꼭 쥐고 있어야 해. 사람은 집 없이 못 산다!"

만약 아버지로부터 이런 대답을 들었다면 당신은 어떻게 반응하겠는가?

질러형은 설사 아버지가 그렇게 당부했다 해도 결국은 자기 뜻대로 한다. 본인이 맞다고 판단하면 아파트를 팔고 다른 아파트로 이사 간다.

팔랑귀형은 '그 말이 맞네'라며 금방 수긍한다. 그러다가 다른 사람의 말을 들으면 '이 말도 맞네'라고 한다. 결정을 내리지 못한다.

이번에 소개하는 완벽형인 B는 다음처럼 대답했다.

"예, 아버지. 알겠어요. 팔지 않을게요. 집 걱정은 하지 마세요. 꼭 쥐고 있을게요."

그러고선 아버지의 말이 그럴듯하다 여기면서 본인이 주변 사람에게 사기를 당하지 않은 것, 집을 잃지 않게 된 것에 안도했다. 이처럼 돈에 대한 두려움이 있는 아버지는 40대의 아들 B에게 두려움을 대물림한다. B의 아버지도 본인의 아버지에게 머니패턴을 이어받았을 가능성이 매우 높다. 두려움이란 무의식감정을 지닌 완벽형은 좋은 기회가 와도 돈을 잃을 것 같은 두려움 탓에 아무것도 하지 못한다. 보고 자란 것보다 강한 교육은 없다.

40대 남성 B의 전후 사정을 좀 더 자세하게 살펴보겠다. 그는 수도권에 25평짜리 오래된 아파트 한 채를 갖고 있다. 그 집을 팔면 서울의 저평가된 곳에 새 아파트를 살 수 있었다.

"그 아파트를 팔고 서울로 와서 이 아파트를 사면 어때요? 곧 GTX가 개통될 테니까 몇 년 뒤에 이 아파트가 많이 오를 거에요. 그렇게 되면 이익이 훨씬 크죠."

부동산 투자에 일가견이 있는 친한 지인은 호재가 있을 예정임을 귀띔해주며 그에게 조언했다. 하지만 그는 미리 밝힌 바와 같이 아버지와

의논한 끝에 그냥 아파트를 보유하기로 결정했다.

1년이 지난 후, B의 지인이 투자를 권했던 서울의 아파트 집값은 70퍼센트 정도 올랐다. 이에 비해 그가 보유한 수도권의 아파트는 20퍼센트나 떨어졌다. 주변 신도시에서 새 아파트 매물이 엄청 쏟아지면서 집값이 곤두박질한 것이다.

완벽형의 무의식감정은 두려움이다. 두려움이 많은 사람에게 일상을 벗어난다는 것, 위험을 감수하는 것은 엄청난 모험이다. 확실한 정보를 입수하더라도 행동하지 않는 경우가 많다. 그들은 완벽한 결과를 예상할 수 있을 때만 움직인다.

완벽형은 사회생활에서 두각을 나타낼 정도로 능력이 뛰어난 경우가 많다. 하지만 두려움이 그들을 주저하게 만든다. 그래서 실제적으로는 돈을 관리하고 창조할 수 있는 능력을 가졌지만 머뭇거린다. 돈을 버는 것도, 쓰는 것도 무서워한다. 아직 일어나지 않은 일까지 미리 걱정하며 돈에 관한 한 새가슴처럼 군다. 결과적으로 완벽형은 저축만 할 뿐 투자를 하지 못한다. 은행에 고스란히 넣어두어야 안정감을 느낀다. 그리고 필요할 때만 아주 조금씩 꺼내 쓴다.

또한 완벽형에게 많이 보이는 행동은 '회피'다. 아예 돈을 벌지 않는 직업을 택하기도 한다. 예를 들면, 종교 지도자들이 여기에 해당한다.

사실 완벽형은 돈을 벌기에 유리한 기질을 갖고 있다. 저축을 잘하고, 일단 돈을 모으면 헛되게 쓰지 않으니 말이다. 다만, 크게 벌기 위해서는 적은 금액으로 투자하는, 일종의 도전을 연습하는 것이 필수다.

그렇다면 완벽형이 추구하는 목표는 무엇이며, 이들이 어떤 방향으로 나아갈 때 머니패턴이 건강해지는지 살펴보자.

특징	· 다른 사람을 돌보느라 자신의 깊숙한 감정은 보지 못한다. · 타인에게 도움을 주거나 자신감을 북돋울 때 늘 나름대로 대가를 바란다. · 기대에 미치지 못하면 실망한다. · 은근슬쩍 통제하고 지배하려는 에너지가 있다. · 어린아이처럼 상처를 잘 받는다. · 완벽을 추구하며 자신과 남에 대한 기대가 상당히 높다. · 자신이 언제나 옳아야 한다고 생각해서 도덕적인 기준이 높다. · 일단 시작하면 끝까지 한다. · 심리적으로 불안하고, 짜증을 잘 낸다. · 부정적인 것에 초점을 두기 때문에 속으로 판단을 많이 한다.
목표	나는 언제나 옳아야 한다.
해결 방법	· 사람들이 자신을 평가한다는 생각을 버려야 한다. · 즐기는 능력을 키워라. · 자신을 보호하려는 마음에서 벗어나자. · 매사에 감사하라. · 돈을 지배의 수단으로 생각하지 말아야 한다. · 작은 일부터 도전을 시작하라.

일단 행동하라

이제 완벽형의 머니패턴을 변화시키자. 핵심은 두려움을 없애는 데 있다. 수차례 강조했듯, 두려움은 어린 시절 경험에 의한 속임수일 뿐이다. 완벽형에게는 무엇보다 용기를 북돋는 과정이 필요하다. 큰 소리로 이렇게 자주 말해보도록 한다.

"내 안에 스스로 선택하고 의지를 발휘할 수 있는 능력이 충분하다."

두려움은 크기에 차이가 있을 뿐 누구에게나 있다는 점, 그리고 안 해본 것을 할 수 있는 용기가 자신 안에 있다는 점을 잊지 말라. 두려움에 떠는 모습은 진짜 자신의 모습이 아니다. 실제로는 훨씬 더 크고 대단한 존재다! 완벽형은 내면에 열정이 충분하다. 이제 꺼내서 활용할 때다.

두려움을 확실히 깨기 위해서는 연습이 필요하다. 몇 가지를 제안한다. 이와 유사한 연습을 꾸준히 하라.

- 크게 웃는다. 자신감이 있어서 웃는 게 아니라, 웃다 보면 자신감이 커지는 것이다.
- 새로운 친구들을 사귄다. 가족과 소수의 지인 등 한정된 틀에 박힌 인간관계에서 벗어나보자.
- SNS 활동을 해본다. 다양한 사람들의 생각을 이해할 수 있다.
- 소소한 아르바이트를 해본다. 돈을 벌 때 자신감이 더욱 늘어난다.
- 작은 것에 투자해본다. 재산 증식을 연습할 수 있다.
- 계속 실천 중인 당신의 모습을 상상하라.
- 새로운 패턴이 생길 때까지 지속적으로 한다.

모두 작은 실천 사항들이다. 늘 지켜오던 틀을 깰 수 있다면 어떤 것이든 좋다. 일단 시도해보라. 연습하기로 결심했다면 즉시 시작하는 게 좋다. 준비에 공들이느라 시간을 지나치게 쓰는 것은 불필요한 낭비다.

특히 인간관계를 넓히면 변화의 폭이 훨씬 커진다. 식구들이나, 오래된 지인만 만나는 틀에서 벗어나보자. 기억하라. 세상 사람들은 똑같다. 완벽한 사람은 아무도 없다. 그러니 마음을 열라. 그렇다 해서 누가 뭐라고 하겠는가. 만약 누가 뭐라 한다면 또 어떤가. 때론 농담하듯 배짱 있게 상황을 넘겨보는 것도 도움이 된다. '옛말에 욕먹으면 오래 산다던데 저 사람 덕분에 오래 살겠구나' 하고 말이다.

피해자형,
열등감의 머니패턴

한 남자가 스위스 시골의 한 식당에서 점심식사를 했다. 계산을 하려고 주머니를 뒤졌는데 지갑이 보이지 않았다. 그는 식당 주인에게 말했다.

"여행 중인데 지갑을 호텔에 두고 온 모양입니다. 1시간 안에 다시 돌아와 음식 값을 지불해도 될까요?"

그러자 식당 주인이 펄쩍 뛰며 말했다.

"말도 안 되지. 오늘 처음 본 당신을 내가 어떻게 믿겠소? 당장 돈을 내지 않으면 경찰에 신고할 테니 음식 값을 내놓으시오."

이 소동을 지켜보던 식당 웨이터가 주인에게 말했다.

"사장님, 제가 대신 내겠습니다. 이분이 일부러 거짓말을 하는 것 같지는 않아요. 지갑을 깜박하고 외출하는 건 있을 수 있는 일이죠."

식당 주인은 웨이터에게 돈을 대신 받아 챙겼다. 그러고 나서 1시간 뒤 손님이 다시 식당을 찾아왔다. 그는 주인에게 말했다.

"이 식당, 제게 팔지 않겠습니까? 얼마면 팔겠습니까?"

주인은 황당해하다가 손님의 눈빛을 보고 그냥 하는 말이 아니라는 것을 알아차렸다. 그래서 욕심껏 가격을 불렀다.

"30만 프랑이오."

손님은 두말하지 않고 그 자리에서 30만 프랑을 내주고 식당을 샀다. 그러곤 식당 문서를 받아서 웨이터에게 건네주었다.

"당신이 나를 믿어준 것은 30만 프랑보다 더 값진 일입니다."

손님은 마을을 떠났고 웨이터는 새롭게 식당 주인이 됐다. 예전 식당 주인은 많은 돈을 벌어서 기뻤다. 그런데 얼마 못 가 그는 엉뚱하게도 아쉬운 생각이 들었다.

'그때 더 비싸게 불러서 한몫을 잡았어야 했는데. 아니, 저 녀석이 애초에 없었더라면 내가 여전히 식당도 갖고 있고 그 손님한테 엄청난 팁까지 받지 않았을까?'

본인이 손님에게 친절을 베풀지 않았던 사실은 깨끗이 잊은 예전 식당 주인은 괜한 심술을 부리듯 마을에 나쁜 소문을 퍼뜨리기 시작했다.

"내 종업원이 식당을 빼앗았어."

속사정을 모르는 마을 사람들은 새로운 식당 주인이 된 웨이터를 이상한 눈으로 보게 됐다. 대체 그는 왜 그런 행동을 한 것일까?

열등감이 돈과 연결되면 화가 부글부글

이야기 속 식당 주인의 마음속 무의식감정은 열등감이다. 열등감이란 자신이 남보다 못하다고 느끼는 감정을 말한다. 사실 누구나 어느 정도 의 열등감은 가지고 산다.

> "네 누나는 안 그런데, 너는 왜 그러니?"
> "반장은 저런데, 너는 왜 그러니?"
> "김 팀장, 이번 달 실적이 왜 그래? 1팀이나 3팀은 오히려 올라
>   갔는데 당신네 팀만 떨어졌어."

가정은 물론, 학교나 회사에서도 마찬가지다. 우리는 형, 동생, 우등 생, 엄마 친구의 자식, 다른 팀, 상사, 후배 등과 외모나 성격은 물론 운 동 실력, 성적, 실적으로 끊임없이 비교를 당한다. 이와 함께 열등감이 라는 감정이 고개를 든다. 열등감에 심하게 휘둘리는 사람은 현재에 만 족하거나 감사할 줄 모른다. 남 탓도 잘한다. 이처럼 마음속에 열등감 이라는 감정이 가득한 사람들이 바로 '피해자형'이다.

> '누나가 얌체처럼 굴지 않았으면 엄마가 나를 혼내지 않았을 텐
>   데…. 난 아무 잘못 없어.'
> '쟤가 잘난 척한 탓이야. 반장만 아니면 선생님이 나한테 그런
>   말을 하지 않으셨을 거야.'

'아우, 열받아. 1팀과 3팀 탓에 우리까지 괜히 피해를 입잖아!'

남을 탓하는 심리는 자신이 피해자라는 잘못된 결론으로 쉽게 치닫는다. 일종의 책임을 회피하고 자기정당화를 하려는 반응이다. 그런 결과가 나온 원인을 내 책임으로 겸허히 받아들이고 문제를 적극적으로 해결하는 것보다 남 탓으로 돌리는 것이 훨씬 쉽고 편하기 때문이다.

피해자형 사례를 더 살펴보자. 언젠가 내 사무실로 전화가 왔다. 그분은 다짜고짜 반말로 물었다.

"거기 얼마 주면 심리 상담과 웃음 치료를 해주는데?"

약간 기분은 상했지만 그래도 이성을 잃지 않고 대답했다.

"실례지만 어디신지요?"

그러자 상대는 화까지 내며 말했다.

"여기 거제인데 가정집이야."

"아, 거제도요. 그런데 저희가 가정집으로 상담하러 가지는 않거든요. 불가능할 것 같습니다."

그랬더니 상대가 그때부터 전화기에 대고 상스러운 말을 퍼붓기 시작했다. 마지막에는 "왜? 돈이 아쉽지 않나 보지? 구멍가게 하는 주제에…." 하더니 전화를 확 끊어버렸다. 이것이 전형적인 피해자형의 머니패턴이다. 돈과 연결해서 화를 낸다는 점에 주목하자. 어린 시절 돈 때문에 많은 수치를 경험했던 사람은 여러 행동을 돈하고 결부시키고 화를 표출한다. 그리고 그것에 갇혀 산다. 돈을 가진 사람이라면 잃지 않으려고 움켜쥐고, 돈이 없는 사람이라면 끊임없이 남 탓을 한다.

감사에는 야박하고 남 탓은 익숙하다

나는 20년간 매년 12월마다 '행복 페스티벌'이라는 행사를 진행해왔다. 2018년에도 행사를 했다. 행사를 마치고 식사를 하러 자리를 옮기려는데 한 남성이 나를 기다리고 있었다. 10년 전 내 힐링 세미나를 수강했던 남성이었다. 반가운 마음에 인사를 건넸는데, 얼굴빛이 너무 안좋았다.

알고보니 10여 년 만에 그가 불쑥 나를 찾아온 이유가 있었다.

"제가 이렇게 힘든 것은 소장님 탓이에요."

"네?"

이유를 들어보니 10년 전 내 세미나에서 한 사람을 알게 되었단다. 상담 일을 하는 그 사람에게 상담을 받았던 모양이다. 당시 회사를 다니느라 퇴근하고 저녁에 상담을 받았는데 그때 너무나 피곤해서 암에 걸렸다는 것이다.

"세상에, 그런 힘든 일이 있었군요. 그런데… 그게 왜 제 탓이에요?"

"그 세미나에 참석했다가 그 사람을 만났으니 결국 소장님 탓이죠."

"…."

너무도 오랜만에 만난 그는 피해자형이 되어 있었다. 대장암을 앓는 것은 너무나도 안된 일이었지만, 도가 지나치게 남 탓을 하는 그의 모습을 보니 황당할 따름이었다.

미국 워싱턴대학교 심리학 교수인 앤서니 그린월드Anthony G. Greenwald는 그와 같은 행동을 하는 원인을 '베네펙턴스beneffectence 효과'의 영향으로 분석했다. 베네펙턴스는 자비심, 선행이라는 의미다. 즉 자기 스스로에게 지나치게 자비심을 느끼는 나머지 문제의 원인을 다른 데로 돌리는 것이다. 취업준비생이 기업 입사 시험에서 떨어졌을 때 '부모님이 나를 어학연수를 보내줬더라면 붙었을 거야', '그 회사 합격 기준은 정말 이상해'라고 원인을 외부에서 찾는 사례도 같은 심리 현상이라 풀이할 수 있다.

늘 비교하는 사람들

열등감이 없는 사람이 세상에 있을까. 학벌에 대한 열등감, 외모에 대한 열등감, 돈에 대한 열등감 등등 제각각일 뿐이다. 열등감에 휘둘리는 피해자형도 있지만 쉽게 열등감을 떨쳐내는, 마음이 건강한 사람들도 있다. 이들은 오히려 남들의 비교, 지적을 바탕으로 문제를 해결해 나가는 등 열등감을 긍정적으로 이용하기도 한다. 열등감을 극복한 이들의 인생은 피해자형과는 전혀 다른 방향으로 흘러갈 수밖에 없다.

과거에 나도 약간 남 탓을 하던 시절이 있었다. 금전 문제로 몇 번 돈을 잃고 난 뒤였다. '왜 내 주변에는 돈이 없는 사람들만 있어서 자꾸 돈이 나가는 거야?' 하는 생각이 슬그머니 들었다. 그다음부터는 누군가 돈을 빌려달라고 하면 '또? 왜 나한테만 돈을 빌려달라고 하지? 내가 쉬워 보이나?' 싶기도 했다. 전형적인 피해자형 머니패턴에 빠진 것이다.

그러다가 일주일 동안 무려 세 사람이나 돈을 빌려달라고 한 적이 있었다. 문득 이런 생각이 들었다.

'무의식중에 자꾸 돈이 나간다고 생각해서 그런 에너지가 계속 나를 끌어당기는 건 아닐까?'

그래서 그날 이후로는 긍정적으로 생각을 바꿔보기로 했다. '그동안 많이도 없는 사람을 위해 베풀었지. 많이 베풀고 싶었으니 반드시 돌아올 거야'라고 마음먹었다. 사람은 눈에 보이는 것을 기준으로 삼기 마련이다. 금전적인 손해를 보는 상황에서 마음을 평온하게 한다는 것은 정말 쉽지 않다. 하지만 이것이 풍요의식의 시작이자 진짜 부자의 마인드다. 내 것이라면 언젠가 반드시 돌아오게 되어 있다. 돈은 생명 에너지고 에너지끼리 당기는 힘이 있어서다.

그렇다면 피해자형이 추구하는 목표는 무엇이며, 이들이 어떤 방향으로 나아갈 때 머니패턴이 건강해지는지를 살펴보자.

특징	• 과거에 살면서 자신이 처한 환경을 남 탓으로 돌린다. • 스스로를 피해자로 여기는 경향이 강하다. • 감정을 표출해 강하게 보인다. • 어린 시절에 고통스러웠다고 생각한다. • 부모가(혹은 부모에게) 배신당한 경험이 있다. • 돈을 은행에만 저축해놓는다. • 돈이 사라지면 불안해서 못 견딘다. • 남에게 베풀었을 때는 반드시 인정받기를 원한다. • 누가 뭐라고 하면 화가 많이 난다. • 숫자에 아주 민감하다. • 사람들과 가까이 지내는 것이 싫다.
목표	배신당하지 않는 것이다.

해결 방법	· 자신의 고통을 직면하고 긍정적인 재해석을 한다.
	· 인생은 혼자 살 수 없음을 이해하라.
	· 바람직한 자신의 모습을 상상하라.
	· 삶의 가치를 다시 정한다.
	· 나를 배신했던 사람을 용서하라.
	· 나의 소중함을 알고 남의 시선을 극복하는 힘을 키워라.

내 인생을 대신 살아줄 사람은 없다

피해자형 머니패턴을 바꾸기 위해서는 몇 가지 작업이 필요하다. 책임의 필요성을 알고, 열등감에 대한 생각을 전환하며, 인간관계를 점검해야 한다.

첫째, 이제부터 문제가 생기면 책임지겠다고 다짐하라. 책임이라는 영어 단어 'responsibility'는 'response(반응)'와 'ability(능력)'가 결합된 것이다. 어떤 반응에 대한 당신의 능력이 바로 책임이다. 결국 자신만이 자기 삶을 바꿀 수 있는 책임이 있다. 현재 자신의 상황은 본인이 만든 것이다. 물론 환경적인 요인도 있을 수 있다. 그러나 대부분은 본인의 책임이라는 점을 인정해야 한다. 이렇게 해야 변화도 할 수 있고 발전도 할 수 있다. '부모 때문에', '회사 때문에', '너 때문에'라며 문제를 회피하고 다른 데서 원인을 찾으면 영원히 문제를 해결할 수 없다.

책임에 대한 다짐을 훈련해보자. 다음의 말들을 소리 내어 따라 해보자.

"내 인생을 대신 살아줄 사람은 없다. 내 문제를 대신 해결해줄 사람도 없다. 부모나 친구로부터 받았던 상처를 치유할 힘도 오직 내 안에 있다."

둘째, 열등감에 대한 생각을 전환해보자. 열등감이 무조건 나쁘다고 여기지 말라는 이야기다. 어차피 열등감이 아예 없는 사람은 없다. 정신의학자 알프레드 아들러Alfred Adler는 "열등감을 핑계로 인생 과제로부터 도망치는 겁쟁이가 많지만, 열등감을 발판 삼아 위업을 달성한 사람도 수없이 많다."고 했다. 그러므로 차라리 열정을 활용해 성공한 사람들을 모델로 삼고 그들의 인생 이야기에서 배울 점을 찾아라.

예를 들어, 소프트뱅크SoftBank 창업자 손정의의 일화를 되새겨보자. 일본 큐슈 판자촌에서 태어난 그는 재일한국인 3세였는데 심한 차별을 당했다. 한번은 "조선 사람 꺼지라."며 던진 돌에 맞아 지금도 남아 있을 만큼 큰 상처를 입었다. 이때 그는 같은 처지의 많은 재일한국인 학생들이 그랬듯 비관에 빠져 학업을 중단하거나 잘못된 길로 나가지 않았다. 대신 '일본이 아닌 곳으로 떠나자'라고 마음먹고 미국으로 건너가 캘리포니아대학교를 마친 뒤 벤처 기업을 설립했고, 결국 세계적인 기업가가 됐다.

셋째, 인간관계를 점검해야 한다. 좋은 인간관계는 건강한 머니패턴으로 나아가기 위한 필수 조건이다. 결국 돈은 사람에게서, 사람이 보유한 정보에서 비롯된다. 그러므로 인간관계를 개선시켜 인적 인프라를 구축해야 한다. 하지만 열등감으로 괴로워하는 피해자형은 타인을 탓하다 보니 인간관계가 좋지 않다.

우선 스스로에게 몇 가지 질문을 던지고 답하며 자신을 성찰하는 시간을 가져보자.

'이대로 산다면 내 관계는 어떻게 될까?'

'이대로 산다면 내 미래는 어떻게 될까?'

'내가 죽으면 누가 내 장례식에 찾아올까?'

'과연 은행에 쌓인 돈이 나를 지켜줄 것인가?'

영국의 위대한 소설가 찰스 디킨스Charles Dickens가 쓴 소설 《크리스마스 캐롤》을 읽어보는 것 또한 권한다. 인간관계 개선에 대한 동기를 부여해줄 명작이다. 주인공 스크루지 영감은 인색하기 그지없는 사람이었다. 모든 사람이 자기에게 피해를 준다고 생각하고, 아주 작은 돈 하나에도 벌벌 떨었다. 돈만이 자신을 보호해줄 것이라고 착각했다. 그러던 어느 날 스크루지 영감에게 유령이 방문한다. 그를 통해 일 때문에 사랑하는 여인을 떠나보냈던 청년 시절을 회상하고, 쇠사슬에 꽁꽁 묶여 있는 자신을 보게 되며, 또 처참한 장례식 장면을 마주한다. 그 뒤 스크루지는 가장 소중한 것은 인간에 대한 관심과 사랑임을 비로소 깨닫는다. 피해자형 머니패턴을 가지고 있던 스크루지는 건강한 부자로 새롭게 거듭난다.

쟁취형,
경쟁심의 머니패턴

마음속에 경쟁심이란 무의식감정을 품은 머니패턴이 있다. 나는 이런 유형에 '쟁취형'이라 이름 붙였다. 쟁취형은 겁이 없다. 처세술도 뛰어나고 취해야 하는 것이 있으면 어떤 방법을 써서라도 쟁취해낸다. 쟁취형의 무의식감정인 경쟁심은 기본적으로 에너지가 많다. 무슨 일이든 이기고 싶어 한다. 그래서 잘만 활용하면 어마어마한 힘을 발휘한다. 경쟁심이 어떻게 우리의 심리패턴과 행동패턴, 나아가 머니패턴을 좌지우지하는지 살펴보자.

회식 1등을 하려고 국가대표에게 배우다니!

회사원 B 과장은 동료들과 회식을 했다. 저녁을 맛있게 먹은 뒤에 볼링장에 갔다. 3명씩 팀을 짜고 볼링 시합을 했는데 안타깝게도 B 과장이 속한 팀이 지고 말았다. 재미로 벌인 시합이라 이긴 팀도, 진 팀도 화기애애한 분위기 속에서 웃으며 헤어졌다.

그런데 B 과장은 그날 밤 잠을 이루지 못했다. 진 것이 너무 화나고 억울했다.

'내가 지다니. 어떻게 하면 이길 수 있을까?'

오만가지를 궁리한 끝에 볼링을 제대로 배우기로 결심했다. 다음 날 프로 볼링 선수가 운영하는 강좌에 등록한 B 과장은 몇 개월 동안 거금을 주고 볼링을 배웠다. 그렇게 볼링을 완전히 마스터한 끝에, 다음번에 동료들과 다시 볼링 실력을 겨뤘다. 당연히 승리를 거머쥔 것은 B 과장의 팀이었다!

경쟁심이란 남과 겨루어 이기거나 앞서려는 마음이다. 부정적 에너지에 가깝다. 경쟁심이 강한 사람은 남과 비교해 본인이 부족하다고 생각되면 마음이 불편해서 견딜 수 없어 한다. 그러다 보니 남이 성장하는 것을 진심으로 축하해줄 수 없다. 지고는 못 사는 것이다.

쟁취형은 힘의 구조에 대해 명확하게 알고 있어서 힘, 권력 등에 집중하기도 한다. 가정에서나 직장에서나 자신이 지배 구조의 윗자리에 앉고 싶어 하는 것이다. 이런 성향은 리더십으로 발휘되기도 하지만 지나치면 갈등을 빚는 원인이 된다.

쟁취형의 사람들이 경쟁심이 부정적으로 변질되어 시기심이나 질투심을 과하게 발산하면 조직에 악영향을 미친다. 때로 그 사람 때문에 팀 전체가 앞으로 나아가는 데 문제가 발생할 수 있다. 또한 쟁취형이 상사나 손윗사람인 경우에는 갑질과 같은 일이 벌어지기도 한다.

물론 세상을 살다 보면 경쟁이 없을 수 없다. 그러나 뭐든지 과하면 안 된다. 학창 시절을 떠올려보라. 성적 때문에 다른 친구들을 무자비하게 밟고 올라서려던 친구가 있지 않았나? 직장에서 눈에 불을 켜고 남의 잘잘못을 따지는 사람이 있지 않았나? 혹은 고과에 목숨을 건 듯한 행태를 보이며 남을 끌어내리려 애쓰는 사람은? 누구에게나 밥벌이는 소중하고, 공부나 일을 열심히 하려는 자세는 중요하다. 그러나 내 일을 잘하는 것을 넘어 남을 깎아내리는 행동으로 이어진다면 옳은 일인지 다시 한번 생각해봐야 한다.

경쟁심이 강한 사람은 독립적인 성향이 강하다. 그래서 어떤 환경에 놓이든 잘 해나간다. 성장 욕구가 강한 점과 문제 해결력이 좋은 점은 큰 장점이다. 자수성가로 성공한 사람들 중에 이런 사람들이 많다.

그러나 자기중심적이고 지배적인 성향 또한 반대급부로 나타난다. 약해 보이는 것을 치명적으로 생각해서 개인적으로 힘든 일이 생겨도 남에게 잘 알리지 않으려고 하며, 속병이 나기까지 한다.

성취력이 너무 뛰어난 사람들

쟁취형은 사회생활을 하면서 돈을 잃는 법이 거의 없다. 쟁취형은 전사처럼 강인하게 돈을 취하는 유형이다. 이들은 일을 시작해야 할 때와 일을 끝내야 할 때를 정확하게 안다. 대부분이 능숙하고 과감한 투자가며, 성취해야겠다고 마음먹으면 바로 행동에 옮기는 실행력이 탁월하다. 좋은 네트워크와 정확한 정보를 확보하고 있기에 돈 냄새를 잘 맡는다.

쟁취형 머니패턴은 종종 돈을 자기중심적으로 흘러가게 한다. 이들은 어디서든 지배력을 과시하려 든다. 무의식감정이 경쟁심인 까닭이다. 누군가를 지배함으로써 자신의 위상을 확인하고 행복을 느끼는 경향이 있다. 그래서 쟁취형의 주변 사람들은 행복지수가 떨어지는 경우가 꽤 있다. 본인만 행복한 것이다. 따라서 성공했을지는 몰라도 인간관계가 좋지 않을 수 있다.

진실로 건강한 머니패턴은 돈을 관리하고 돈을 창출하는 풍요의식뿐 아니라 공동체를 지향하는 가치관까지 갖춰야 한다. 이런 측면에서 쟁취형은 지나치게 자기중심적이지 않은지에 대한 자기 검열이 필요하다.

그렇다면 쟁취형이 추구하는 목표는 무엇이며, 이들이 어떤 방향으로 나아갈 때 머니패턴이 건강해지는지를 살펴보자.

특징	• 누군가를 자기 방향으로 이끌기 위해 돈을 쓴다. • 돈으로 이용하고 지배하려는 욕구가 강하다. • 필요하거나 원하는 것은 다 가지고 있지만 평안하지 않을 때가 많다. • 내 편, 네 편으로 편을 가르는 성향이 강하다. • 무슨 수를 써서라도 이겨야 직성이 풀린다. • 만족감을 잘 느끼지 못한다. • 불가능한 일은 없다고 생각한다. • 어떤 상황에 처해 있어도 자신감이 넘친다.
목표	약해 보이는 것이 싫어서 지배력을 갖는다.
해결 방법	• 성취에만 만족을 느끼는 성향이라 공허함을 느끼기 쉽다. 현재에 감사하는 법을 배워야 한다. • 돈을 버는 가치를 나에게서 공동체로 넓혀라. • 어떤 사람이든 소중하게 생각하라. • 공동체를 위해 나누는 것을 배워라.

혼자만 잘살겠다는 생각을 버려라

미성숙한 쟁취형은 주로 자신이 쟁취형인지를 잘 모른다. 수익을 위해서는 무심결에 도덕적이지 않은 행동을 하기도 한다. 내가 아는 지인 중에 50대 의사가 있었는데 쟁취형 머니패턴을 지닌 분이었다. 의사로서 명성이 높은 데다가, 운영에 고전하던 병원의 원장을 맡아 6개월 만에 적자에서 흑자로 끌어올릴 만큼 조직 관리에도 능했다. 그런데 그 원장은 환자들에게 자신의 개인 사업과 관계된 건강식품을 팔아 문제를 일으키고 말았다.

이처럼 쟁취형은 돈을 위해서라면 앞뒤를 가리지 않고 행동하다가

도덕적인 문제를 일으키기도 한다. 이들 대부분은 성장 과정에서 가난의 고통을 겪었다. 사회적으로 성공했거나 심지어 전문직으로 성공했어도 무의식에 고통이 남아 있기에 돈에 집착하는 것이다.

쟁취형이 건강한 머니패턴을 갖기 위해서는 무의식감정인 경쟁심으로 인한 단점들을 완화시키는 작업들이 필요하다. 우선 물질세계뿐 아니라 정신세계와 조화를 이루는 훈련을 해야 한다. 그러면 자신과 주변을 더 잘 이해하게 되고, 열린 시각과 깨어 있는 의식을 겸비한 진정한 리더로 거듭나게 될 것이다.

또한 현재의 삶 가운데서 누릴 수 있는 것에 감사할 줄 알아야 한다. 이와 함께 '왜 일을 해야 하는지, 돈을 벌어야 하는지'에 대해 깊이 고민해봐야 한다. 이런 훈련을 통해 나 중심이 아니라 주변을 살필 줄 알고 공동체를 지향해야 한다. 그래야만 행복한 부자가 될 수 있다. 경쟁심에 불타서 혼자만 행복할 것이 아니라 주변 사람들도 같이 행복해지는 방안을 모색해야 한다. 그래야 돈을 벌어도 허무해지지 않는 부자, 진정으로 행복한 사람이 될 수 있다.

그러기 위해 일하고 돈을 버는 이유에 대한 명사들의 다양한 이야기들을 들려주도록 하겠다. 잘 읽고 가슴에 새기도록 해보자.

"돈을 벌고 싶다면 다른 사람이 먼저 돈을 벌 수 있게 도와야 한다. 그래야 더 큰 돈을 벌 수 있는 기회와 시장이 열린다."

_ 마윈, 알리바바그룹 창업자

"나는 지금까지 돈을 벌 목적으로 시작한 사업이 하나도 없다. 어떤 사업이든 '사람들이 필요로 하는 것을 제공할 수 있는 일인가? 우리 스스로도 자랑스러워할 수 있는 일인가?'라는 생각으로 출발한다. 그러면 돈은 자연스럽게 따라온다."

_ 리처드 브랜슨Richard Branson, 버진그룹 Virgin Group 회장

"지금까지 수없이 많은 억만장자를 만났지만, 오로지 본인만 부자가 되고 싶어 하는 사람은 아무도 없었다."

_ 짐 오닐Jim O'Neill, 전前 골드만삭스Goldman Sachs 회장

"나는 돈을 위해 열정적으로 일한 적이 없다. 열정적으로 일했더니 돈이 생겼을 뿐이다."

_ 스티브 잡스, 애플 창업자

"돈을 벌겠다는 욕심으로 구두를 만들면 실패한다. 좋은 구두를 만드는 것은 사람에 대한 연민과 사랑에서 출발해야 한다."

_ 살바토레 페라가모Salvatore Ferragamo, 페라가모 CEO

"부富에 이르는 비밀은 간단하다. 타인에게 더 많이 도움을 줄 방법을 찾으면 된다. 더 많이 행동하고 더 많이 베풀고 더 큰 존재가 되고 더 많이 봉사하면 된다. 그러면 더 많이 벌 기회가 생긴다."

_ 토니 로빈스Tony Robbins, 변화심리학자 · 《머니》 저자

"사람들은 돈을 벌기 위해 일한다. 하지만 인생의 의미를 찾기 위해서는 더 열심히 일한다."

_ 제프리 페퍼Jeffrey Pfeffer, 스탠퍼드대학교 경영대학원 교수

돈이 인생의 목적이라면 달성하기 어려울 것이다. 현재 하는 일을 사랑하라. 그리고 고객을 중시하라. 그러면 성공은 조용히 당신을 찾아온다.

_레이 크록Ray Kroc, 맥도날드Mcdonalds 창업자

기업이 오직 돈을 벌기 위해 존재한다고 잘못 생각하는 사람이 많다. 물론 기업에게 돈은 중요하다. 그런데 더 깊이 생각하고 존재의 진정한 이유를 찾아야 한다. 그러면 혼자서는 성취하지 못할 일을 성취하고, 진부한 말이기는 하지만 사회에 공헌하기 위해 함께 모여 기업이라는 조직으로 존재한다는 결론에 도달할 것이다.

_ 데이비드 패커드David Packard, 휴렛패커드Hewlett-Packard 공동 창업자

제 4 장

가난뱅이 머니패턴을 거부하라

변화에서 가장 힘든 것은 새로운 것을 생각해내는 것이 아니라.
이전에 갖고 있던 틀에서 벗어나는 것이다.
_ 존 메이너드 케인스 John Maynard Keynes, 경제학자

나쁜 머니패턴은
대물림된다

     부자는 부자를 낳고 가난한 부모는 가난한 아이를 낳는다는 말이 있다. 이것이 사실일까? 나는 성공한 CEO들을 만나면 꼭 물어본다.

"부모님이 부자셨어요?"

그러면 많은 사람이 "예, 사업을 하셨어요."라고 대답한다. 부모가 일찍 세상을 떠나 어린 나이에 고생을 많이 했다거나, 부모가 사업 실패로 쫄딱 망했다거나 해도 어쨌든 부유했던 경험이 있는 경우가 아주 많았다. 맨 처음 이런 공통점을 발견했을 때 나는 큰 충격을 받았다.

사람은 부모로부터 좋은 면은 좋은 대로, 나쁜 면은 나쁜 면대로 물려받기 마련이다. 세계적 교육학자이자 심리학자인 레프 비고츠키Lev Vygotsky 는 이렇게 말했다.

"부모의 행동은 아이에게 큰 영향을 준다. 생활의 매 순간, 심지어 부모가 집에 있지 않을 때도 아이는 교육을 받고 있다. 부모가 어떤 옷을 입고 어떤 식으로 즐거움과 불쾌함을 표현하며 친구와 원수를 어떻게 대하는지, 또 어떻게 웃고 어떤 책을 읽는지까지 모두 교육적으로 큰 의미가 있다."

그럴 수밖에 없는 것이 부모는 아이가 접하는 최초의 성인이다. 아이는 성격과 인성, 습관 등 모든 면에서 부모를 모방하면서 자아를 형성한다. 자식은 부모의 거울이며, 부모의 뒷모습을 보고 자라난다. 또한 서양에는 이런 유명한 속담이 있다. '최고의 유산은 부모의 좋은 습관이다.'

돈에 관해서도 마찬가지다. 부모가 돈에 대해 갖는 태도가 은연중에 자식에게 영향을 준다. 어린 시절, 절약만 하는 어머니를 보고 자랐다고 치자. 자식이 그런 어머니의 삶의 태도를 자연스럽게 받아들였다면 꼭 닮은 자린고비가 되며, 정반대로 어머니의 절약 습관이 너무나 싫었다면 전혀 다르게 과소비하는 사람이 되기도 한다. 어찌됐건 둘 다 바람직하지 않은 머니패턴이다.

부자 머니패턴을 갖추고 싶다면 부모의 머니패턴부터 살펴본 다음, 자신의 머니패턴을 점검하는 게 순서다. 이런 과정을 통해 장점은 살리고, 단점과 문제점을 파악해 고칠 수 있다.

부모가 물려주는 최악의 가난뱅이 습관들

과연 나는, 우리 부모님은 어떤 머니패턴에 가까울까? 가장 안 좋은 가난뱅이 습관 3가지를 제시하겠다. 우리 가족의 생활습관을 떠올리며 읽어보도록 하자.

첫째, 분수에 맞지 않게 과소비를 한다. 부모가 소비 중심의 삶을 산다면 자식의 머니패턴도 소비 중심이다. 수입은 지출을 위한 수단일 뿐이다.

내가 학부모를 대상으로 강의할 때마다 늘 하는 말이 있다.

"행복하지 않는 부모에게서 행복한 아이가 나올 수 없습니다. 그래서 어머님, 아버님이 가장 행복해야 합니다. 이것이 아이들에게 물려줄 정신적인 유산입니다."

머니패턴도 이와 똑같다. 부모가 절약과 저축을 하지 않으면 당연히 아이도 절약과 저축을 배우지 못한다.

예전에는 거의 대부분의 가정이 외벌이였다. 그러나 지금은 많은 가정이 맞벌이를 한다. 그러다 보니 상대적으로 부모가 아이와 함께 보내는 시간이 줄어들었다. 부모는 미안한 마음에 아이에게 장난감이나 돈으로 보상하는 경우가 많다. 하지만 이런 행동은 아이에게 '내가 원하면 뭐든지 살 수 있어'라는 무분별한 소비 습관을 가르치는 셈이다.

그렇다면 부모는 어떻게 해야 하는가? 우리 가정을 예로 들어보겠다. 우리 부부는 자식이 셋이다. 그중 둘째가 가장 소비를 많이 하는 편이다. 그래서 하루는 불러서 이야기를 나눴다.

"임마, 아빠한테 받는 용돈을 있는 대로 다 쓴다면 20대에는 어떻게 될까? 30대는 어떻게 될까? 20대 중후반쯤 취업해서 직장을 30년 다니고 60세에 퇴사한다고 가정해볼까? 그러면 30년 동안 벌어놓은 돈으로 40년을 더 살아야 하는데 말이지. 어떻게 생각하니?"

자식과 돈에 관한 이야기를 진지하게 나눴다고 하니 한 지인은 놀라워하며 말했다.

"벌써부터 아이에게 무슨 그런 부담을 주세요?"

내 생각은 다르다. 더 늦기 전에 지금 당장 습관을 바꿔놓아야 한다. 단순한 습관 문제가 아니다. 그냥 두는 것은 가난뱅이 머니패턴을 물려주는 꼴이다! 단 한 사람이라도 이야기해주고 삶으로 보여줘야 한다.

이번엔 고등학교 3학년인 아들 이야기다. 생일이 빠른 친구가 성인이 되며 자동차를 뽑았다고 자랑을 했단다. 이 친구는 고등학교 때부터 아르바이트를 열심히 해서 돈을 모았고, 그 돈으로 자동차를 샀다고 한다. 아들은 그게 그렇게 부러웠던 모양인지 몇 번이나 친구의 자동차 얘기를 했다.

나는 아들에게 몇 가지 질문을 했다.

"그 차는 소비일까? 자산 증식일까?"

"당연히 소비지요."

"그래. 만약 그 차가 승용차가 아닌 트럭이라면 어때?"

"그렇다면 자산 증식일 수도 있을 것 같아요."

"맞아. 그리고 승용차라도 자산 증식을 위해 쓰인다면 다르게 생각해볼 수 있겠지."

나는 아들과 대화를 하며 현명한 소비에 대한 인식을 심어주려 애썼다. 과소비는 가난이라는 구렁텅이로 향하는 안 좋은 습관일 뿐이다.

여기까지 읽은 당신은 무슨 생각이 드는가? 혹시 '그렇다면 현재의 행복은 그냥 무시하는 건가…. 무조건 소비를 참을 수 있으려나. 어찌 돈을 하나도 안 쓰고 모으기만 할 수 있을까?'라는 의구심이 드는가? 잠깐! 나는 돈을 전혀 쓰지 말라고는 하지 않았다. 다만 부자는 그렇게 돈을 쓰지 않는다는 것이다. 현재 부자인 사람조차 과소비를 하지 않는데, 아직 부자의 발끝에도 가지 못한 사람이 그러면 될까? 진지하게 생각해보도록 하자.

둘째, 돈과 관련한 부정적인 말버릇이 있다. 부모가 자신도 모르게 자식에게 돈에 대한 부정적인 인식을 심어주는 것 중에 가장 강력한 것이 바로 '언어'다.

혹시 당신에게 돈과 관련한 부정적인 말버릇은 없는가? 있다면 바로 고쳐야 한다. 지금 당신은 자신뿐 아니라 자식에게까지 악영향을 미치는 중이다. 특히 "돈 없어."라는 말은 금물이다. 의외로 사람들이 생활 속에서 흔히 하는 말이다.

"월급으로 카드 값 내고 나면 저축할 돈이 없어."
"우리 집안은 원래 흙수저라 돈이 별로 없지…."
"한창 대출 갚느라 우리 부부는 수중에 돈이 없어요."

"빌려줄 돈이 어딨어? 나 쓸 돈도 없는데."

이와 비슷한 말들도 전부 금지다. 말로 가난을 전수하는 셈이다. 이렇게 자꾸 말하다 보면 정말 돈이 없는 인생을 살게 될지 모른다.

다시 우리 집 이야기로 사례를 들어보겠다. 우리 부부는 자식이 셋이고 그중 큰아이가 유학 중이다 보니 항상 돈 관리에 신경을 쓴다. 어느 날 아이들에게 용돈을 줄 때였다.

"아껴 써라."

"아빠는 용돈 줄 때마다 꼭 그 말씀을 하시더라."

"어… 내가 그랬니?"

나도 미처 몰랐는데, 아이들이 하는 말을 들으니 매번 그랬단다. 그냥 줘도 될 것을 왜 그랬을까. 사실 제대로 대화를 나누는 것도 아니고 지나가는 소리처럼 잔소리를 덧붙인다고 아이들이 가슴에 깊이 새기지도 않을 텐데 말이다. 그러다 생각해보니 내 어린 시절이 떠올랐다. 어머니께서 용돈을 주실 때마다 하셨던 말씀이 있었다.

"아껴 써라."

순간 소름이 끼쳤다. 결국 이 말버릇은 어머니로부터 대물림되었던 것이다.

부모로부터 '아껴 써야 한다.'는 말을 지속적으로, 자주 듣고 자란 사람은 돈을 꼭 써야 하는 일이 닥쳐도 '아껴야 하는데' 하는 마음을 저절로 품게 된다. 불필요한 소비는 안 하는 것이 맞고, 절약과 저축 또한 중요하다. 그러나 필요한 소비는 해야 한다. 가난한 마인드, 빈곤한 자세를 물려줄 필요는 없다! 절약과 빈곤은 다른 개념이다.

셋째, 나쁜 생활습관에 익숙하다. 당신이 지금 하는 행동의 대부분은 어린 시절부터 계속 해오던 것이다. 그리고 그때 당신의 부모가 하던 행동을 고스란히 배워서 따라 하고 있을 확률이 매우 높다. 어떤가, 갑자기 가슴이 무거워지지 않는가?

언젠가 상담을 받으러 온 여성이 이런 말을 털어놨다.

"남편이 차라리 늦게 들어왔으면 좋겠어요. 애들이 잠든 후에요. 남들은 그 집 아빠는 매일 일찍 들어와서 좋겠다고 하는데 그건 속사정을 몰라서 그래요. 저희 남편은 일찍 들어와서 낮이건 밤이건 텔레비전만 봐요. 도대체 아이들이 뭘 배우겠어요?"

당신의 아버지가 식탁에서 늘 신문을 읽었는가? 지금 당신이 식탁에서 스마트폰으로 뉴스를 찾아 읽고 있을 수 있다. 혹시 경제 활동을 하지 않는 아버지 밑에서 컸는가? 당신에게는 돈을 버는 것에 대한 두려움이 있지 않은가? 나쁜 생활습관은 본인에게도 좋지 않지만, 더 안 좋은 것은 대물림까지 된다는 사실이다!

부모의 좋은 습관은 아이의 미래를 바꾼다. 세계적 전기자동차 회사 테슬라 모터스와 우주산업개발사인 스페이스X의 CEO인 일론 머스크 Elon Musk 의 어머니인 메이 머스크Maye Musk 가 그랬다. 현재에도 그녀는 71세라는 나이이지만 여전히 왕성한 활동을 펼치는 패션모델이자 영양학자다.

메이 머스크는 자녀가 2명 더 있는데, 아들 하나는 요식업체 CEO로 잘나가는 인물이고, 딸은 촉망받는 영화감독이다. 싱글맘으로 세 자녀 키워낸 메이 머스크는 성공적인 자녀교육의 비결로 생활습관을 꼽았다.

"아이들에게 식사 예절만큼은 엄하게 가르쳤다. 그 외에는 잔소리를 하지 않았다. 다만 나 스스로가 아이들 앞에서 예의 없는 말투나 행동을 하지 않으려고 노력했다. 그리고 평생 부지런히 사는 모습을 보여줬을 뿐이다."

성공하기 위해서는 트라우마를 지워라

어떤 부모가 자식 세대에게 고스란히 가난을 대물림하고 싶겠는가? 그렇다면 부모가 할 일은 분명하다. 앞에서 이야기한 가난뱅이 습관들을 없애야 한다. 그런 다음 확실한 경제적 자립을 함으로써 돈에 대한 트라우마를 지워야 한다.

지인 중에 40대 여성이 있다. 어릴 때 그녀의 부모님은 이혼을 했다. 아버지는 경제학 교수였지만 재혼한 뒤 점차 경제적으로 궁핍해졌다. 새어머니가 아버지의 돈을 펑펑 쓰는 스타일이었다. 그녀는 경제적인 면에서 아버지처럼 되고 싶지 않다는 생각을 늘 했다.

성인이 된 그녀는 결혼을 했다. 자기 손으로 직접 돈을 벌면서 살고 싶었지만 남편은 자식 양육을 이유로 그녀가 전업주부로 지낼 것을 강력히 희망했다. 그래서 그녀는 집에서 무얼 할 수 있을까 고민하다가 주식 투자를 택했다. 문제는 주식에 대해 아무것도 모르는 상태에서 주식을 시작했다는 점이다. 큰돈은 아니었지만 어쨌거나 잘못된 투자로 돈을 모두 날렸다.

뒤늦게 이 사실을 남편이 알았다. 경제활동에 대한 아내의 열정에 남편은 두 손 두 발 다 들고 말았다. 그녀는 아예 본격적으로 나서기로 했다.

지인의 소개로 그녀는 부동산 사업을 크게 하는 사장님 한 분을 만났다. 부동산 '부'자도 모르는 상태에서 부동산을 찾아가서 일하겠다고 했다. 그녀의 남다른 열정을 간파한 사장은 그녀를 파격적으로 고용했다.

이후 그 사장이 가장 먼저 한 것은 돈에 대한 트라우마를 지우는 작업이었다. 사장은 자신도 주식 투자를 할 테니 그녀에게도 주식을 해보라면서 약간의 돈을 주었다.

시간이 지나 두 사람의 투자 결과를 확인해봤다. 그랬더니 그사이 사장이 산 주식은 올랐고 그녀가 산 주식은 계속 가격이 떨어진 게 아닌가. 그녀가 물었다.

"왜 사장님이 산 주식은 오르고 제 것은 빠지는 걸까요?"

"아, 그러길래 먼저 전문가에게 물어봤어야지! 묻지도 않고 혼자 투자했으니 결과가 이렇잖아. 아무것도 모르면서 그렇게 막 투자하면 안 된다는 걸 이제 배웠는가?"

큰 교훈을 얻은 그녀는 다시 사장님에게 물었다.

"그러면 그 큰돈을 제게 왜 주셨어요? 아무것도 모르는데 말예요."

그러자 그 사장이 대답했다.

"주식으로 돈을 잃었으니 주식에 대한 트라우마를 지워야 할 것 아냐. 그래야 잘못된 패턴을 지우고 다시 시작할 수 있는 거야. 돈에 대한 생각을 바꿔야 돈이 와."

사장은 그제야 전문가의 지식과 노하우를 하나씩 알려주기 시작했다. 금융 지식을 배우고 공부하면서 그녀는 점차 많은 수익을 냈다. 그러면서 주식 투자로 데였던 일, 트라우마를 떨쳐버릴 수 있었다.

나도 그녀의 이야기를 듣고 그 사장의 말에 감명받았다. 돈을 벌고 싶다면 자신 안의 트라우마부터 반드시 지워야 한다. 만약 그렇지 않으면 또 돈을 잃는 머니패턴으로 작용할 수 있다. 가정주부에서 용감하게 사회생활에 도전한 그녀는 이후 어떻게 되었을까. 사장을 멘토 삼아 차근차근 돈 버는 방법을 전수받은 그녀는 신문기사에 소개될 만큼 유명한 여성 CEO가 되었다.

부모와의
관계를 회복하라

건강한 머니패턴을 갖기 위한 첫 번째 작업은 '부모와의 관계 치유'다. 부모로부터 만들어진 사고가 당신의 부를 결정한다. 어릴 적 당신의 경제적 공급자가 누구였는지를 떠올려보자. 아버지였을 수도 있고, 어머니였을 수도 있다. 부모가 아닌 조부모나 친척이었을 수도 있다. 많은 가정이 아버지였던 경우가 많으므로 여기에서는 일단 '아버지'로 가정하고 이야기를 계속해나가겠다. 본인 상황에 맞게 적절히 경제적 공급자를 설정한 뒤 읽어보자.

공무원 시험을 준비하는 29세 취업준비생을 만난 적이 있다. 그는 자신을 흙수저라고 여기고 있었다. 내가 보기에 아버지는 대기업 이사고 집안도 잘살고 있으니 금수저는 아니어도 은수저는 될 텐데, 정작 본인은 자신을 흙수저라고 했다.

대화를 나누며 청년은 아버지와 안 좋았던 기억에 대한 이야기를 들려주었다. 초등학교 5학년쯤 됐을까? 형은 수학 시험에서 100점 맞았고 자신은 50점을 맞았단다. 그런데 시험 점수를 보고 아버지가 자신을 형과 나란히 세워놓고 비웃었단다.

"너, 도대체 커서 뭐가 될래? 이 점수를 가지고 뭘 할 수 있겠니? 네 형을 반만이라도 닮아라."

청년에게 이 기억 속에서 어떤 기분이었는지 물었다.

"정말 도망가고 싶어요."

이 기분 안에서 자신을 뭐라고 생각하는지 물었다.

"쓸모없는 놈이요."

사람들을 뭐라고 생각하는지 물었다.

"나를 조소하는 것 같아요."

세상은 어떻게 보이는지 물었다.

"내가 없어도 잘만 돌아가요."

마지막으로 내가 이렇게 물었다.

"그러면 자신은 어떻게 살아가야 한다고 생각합니까?"

"사람들 없는 곳에 혼자 살아야지요."

이것이 이 청년의 신념, 세계관, 패턴이다. 이런 사람이 돈을 잘 벌 수 있을까? 절대 아니다. 이런 유의 사람은 돈을 회피한다. 돈이 와도 무의식적으로 거부한다.

물론 청년은 나와의 상담을 거쳐 변화된 삶을 살고 있다. 아버지와의 부정적인 관계를 치유했고, '쓸모없다'는 생각을 '불가능은 없다'로 바꿨으며, 자기 절제 능력을 갖춘 뒤 공무원 시험에도 합격했다. 현재는 직장 생활을 잘하며 지낸다.

이제부터 이 청년의 인생을 바꿔놓은 관계 회복 코칭을 공개하도록 하겠다.

아버지와의 관계를 바꾸는 치유 코칭

1. 기억 속의 아버지를 떠올려라

당신은 아버지를 생각하면 무엇이 가장 먼저 떠오르는가? 풍족한 아버지? 무서운 아버지? 꿈이 없는 아버지? 책임지지 못한 아버지? 술 먹는 아버지? 아파서 누워 있던 아버지? 그저 피하고 싶었던 아버지?

'아버지' 하면 머릿속에 어떤 이미지가 떠오르는가. 그것을 언어로 바꿔보자. 막연하게 표현하지 말고 제시된 예시를 참고해서 구체적으로 언어화해보자.

내 기억 속에 아버지는 어떤 사람인가?
예) 아버지는 어린 시절 나를 할머니, 할아버지 집에 맡겼다. 나는 늘 아버지가 없다고 생각하며 자랐다. 그리고 아버지는 피하고 싶은 무서운 사람이다.

아버지는 _____

_____

_____

_____한 사람이다.

2. 아버지와의 행복했던 기억을 찾아라

이번에는 아버지에 대한 행복했던 기억을 떠올려라. 돈과 관련 없어
도 상관없다. 아무리 아버지와 관계가 악화된 사람이라 해도 단 하나쯤
은 아버지에 대한 좋은 기억이 있을 것이다. 생각이 안 나면 잠시 눈을
감고 당신의 유년 시절, 학창 시절을 찬찬히 떠올려본 뒤 다음 질문에
답을 적어보자.

1. 행복했던 기억을 떠올려라.
예) 어렸을 때 우리 식구들은 시골집에 살았다. 어느 날 밤 전깃불이
갑자기 나갔는데 이때 평소 무뚝뚝하던 아빠가 아주 크게 웃었다. 식
구들도 다 같이 웃었다.

_____

_____

2. 그때 기분이 어땠는가? 당신의 느낌을 써라.

예) 아빠가 웃어서 정말 행복했다.

_____

_____

3. 그 기분 안에서 자신을 어떤 사람이라고 생각하는가?

예) 나는 행복한 사람이다.

나는 _____ 한 사람이다.

4. 그 기분 안에서 사람들을 어떻게 생각하는가?

예) 사람들은 어둠 속에서도 웃을 수 있다.

사람들은 _____ (이)다.

5. 그 기분 안에서 세상을 어떻게 생각하는가?

예) 세상은 행복하다.

세상은 _____ (이)다.

6. 그러므로 나는 무엇을 해야 한다고 생각하는가?

예) 그러므로 나도 따라서 더 크게 웃어야 한다.

그러므로 나는 _____ 해야 한다.

아버지와 행복했던 다른 기억들을 찾아 몇 차례 더 질문에 답해보자. 그렇게 하다 보면 당신은 자신에 대해 보다 잘 알 수 있다. 특히 행복할 때 어떻게 생각하고 어떻게 행동하는지 패턴을 발견할 수 있다.

아버지와의 관계에서 당신의 신념, 세계관, 패턴이 만들어졌다. 심리패턴, 행동패턴, 머니패턴에까지 아버지와의 관계가 영향을 미친다. 따라서 결과가 긍정적이라면 당신이 원하는 것을 잘 발전시키면 된다. 만약 부정적이라면 바꿔야 한다. 치유 과정에 대해서는 바로 다음에서 다루도록 하겠다.

왜곡된 패턴을 변화시키는 방법

이제 아버지와의 부정적인 관계에서 생긴 심리패턴을 찾아보자. 일반적으로 사람들은 긍정적인 기억보다는 부정적인 기억이 더 많다. 이는 뇌의 자연스러운 현상이다.

세계적인 뇌의학자인 다니엘 에이멘Daniel Amen 박사에 따르면 인간의 뇌는 원래 부정적인 쪽으로 쉽게 활성화된다고 한다. 먼 옛날 인간이 산과 들, 숲에서 살던 시기에는 야생 동물의 습격이나 다른 종족의 침입에 대비하며 살아야 했기에 생겨난 생존 시스템 때문이다. 에이멘 박사는 저서 《뇌는 늙지 않는다》에서 이런 예시를 든다.

"어느 날 당신이 두통을 느꼈다고 가정하자. 뇌가 자연스럽게 부정적인 흐름을 타게 내버려두면, 그것은 순식간에 최악의 시나리오에 말려들어 다음과 같은 말이 튀어나오는 지경이 될 수 있다. '헉, 종양이 생겼나 봐.'"

불과 몇 초 동안 가벼운 두통은 야구공 크기만 한 암 덩어리가 되고, 바로 임종을 앞둔 모습까지 떠올리는 것이 인간의 뇌다. 이 같은 뇌 시스템의 작용으로 기분이 나쁘거나 컨디션이 좋지 않을 때 우리는 부정적인 생각을 떠올린다. 아버지와의 관계가 불행했던 사람일수록 그 강도는 더 세다. 안정을 경험해보지 못했기 때문이다.

자, 이제 당신 안에 어떤 부정적인 기억이 있는지, 또한 당신은 어떤 부정적인 신념과 세계관, 패턴을 가졌는지 알아보자. 그리고 왜곡된 측면이 있다면 건강하게 바꿔보자. 과거의 상처가 문제가 아니다. 당신이 그것을 어떻게 인지했는지가 문제다. 인지는 바꿀 수 있다는 것이 또 하나의 희망이다. 참고로 아래의 예시는 내 아내가 직접 작성했다. 본인의 인생 이야기를 그대로 솔직하게 썼다.

1. 부정적인 기억을 떠올려라.
예) 아버지가 사과나무 한 그루 앞에서 엄마를 작대기로 때렸다. 나는 그 모습을 마루에서 보고 고래고래 소리를 지르며 울었다.

_____

_____

2. 그때 기분이 어땠는가? 당신의 느낌을 써라.

예) 너무나 무서웠다. 엄마가 죽을까 봐.

_____

_____

3. 그 기분 안에서 자신을 어떤 사람이라고 생각하는가?

예) 나는 약하다.

_____

4. 그 기분 안에서 사람들(아버지 포함)을 어떻게 생각하는가?

예) 사람들은 화나면 이성을 잃는다.

사람들은 _____(이)다.

5. 그 기분 안에서 세상을 어떻게 생각하는가?

예) 세상은 비합리적이고 불공평하다.

세상은 _____(이)다.

6. 그러므로 나는 무엇을 해야 한다고 생각하는가?
예) 그러므로 나는 절대 남자에게 지지 말아야 한다.

그래서 나는 _____해야만 한다.

내 아내도 아버지에 대한 부정적인 기억을 가지고 있었다. 그리고 그 영향으로 아내는 배우자에게 절대 지지 말아야 한다고 생각해왔다. 이 활동을 통해 아내는 자신의 심리패턴을 보다 더 잘 알게 됐다. 논리적이고 합리적인 방법만으로 세상을 바꿀 수 없다는 것을 알게 되었을 뿐 아니라 감성적인 것에 대한 이해의 폭이 넓어졌다.

아버지와 관련된 부정적인 기억들을 몇 가지 더 찾아 질문에 따라 대답을 써보자. 그동안 자신이 힘들었고, 주변 사람들을 괴롭게 했던 진짜 이유를 알게 된다. 무엇보다 미처 몰랐던 자신의 부정적인 패턴을 찾을 수 있다. 이것이 부자 머니패턴을 만들기 위한 첫 번째 단계다.

이 활동은 다른 쪽으로도 응용할 수 있다. 아버지와의 관계에서 생긴 기억 말고, 자신이 미워하는 사람이나 돈을 잃게 한 사람을 떠올리며 해도 괜찮다. 중요한 것은 새로운 해석이다. 당신의 머니패턴을 부자 머니패턴으로 만들기 위해서 여태껏 막힌 에너지를 뚫는 데 목적이 있기 때문이다.

돈에 대한
과거 기억을 재해석하라

40대의 한 남성에게 머니패턴에 대해 코칭을 한 적이 있다. 2주 만에 그가 내게 전화를 했다.

"지난번 머니패턴 코칭 때 아버지와의 관계를 해결하고, 2주 만에 계약이 몇 건 진행됐어요. 아시다시피 사업을 시작한 뒤로 지난 1년 동안 주문이 거의 없어서 상담까지 받았던 거잖아요. 정말 신기하네요."

그는 아버지에게 인정을 받지 못하며 살아왔다. 코칭 중 아버지와의 거리를 가늠해보게 했는데 둘 사이의 너무나 거리가 멀었다. 돈과의 관계도 마찬가지였다. 돈이 저 멀리 있었다.

이처럼 경제적 공급자와 자신의 거리, 돈과 자신의 거리는 거의 비숫하게 나타난다. 머니패턴 코칭에서 내가 가장 먼저 한 일은 남성이 아버지와의 관계를 회복하도록 한 것이다. 그러고 나서 돈과의 거리를 좁힐 수 있었다. 그 결과, 돈이 들어오기 시작했다!

돈은 나에게 어떻게 작동되는가?

돈에 대해서 당신의 아버지는 어떤 태도를 취한 사람이었는가? 내 아내는 "아버지가 돈을 얻을 수 있는 유일한 통로였다."고 회상한다. 아내는 어릴 적 농촌에 살았다. 농사일이 별로 없는 겨울이 되면 장인어른은 놀이 삼아 동네 어르신들과 화투를 쳤다고 한다. 아내에게는 용돈을 받기에 아주 좋은 타이밍이었다.

"아버지, 저 100원만 주세요."

이때만큼은 장인어른도 어김없이 용돈을 주셨다. 그래서 아내는 돈에 대해 '돈은 필요할 때 항상 생긴다'라는 신념이 있다. 돈이 필요할 때 돈이 생긴다고 철석같이 믿으며 이제까지 살아왔다. 이게 바로 풍요의식이다.

사례를 들어보자. 아내는 돈이 부족하면 외친다. "나에게 필요한 돈은 꼭 생기잖아. 600만 원아, 나에게 와라!" 아내와 내가 마지막 상담학 박사 논문을 쓸 때였다. 딸아이의 유학비를 지불하고 나니 우리들 학비가 부족했다. 아내를 그럴 때마다 자신 있게 말하곤 했다.

"걱정하지마. 필요한 돈은 생기기 마련이야."

우리의 학비는 어떻게 됐을까? 이틀 후에 갑자기 통장에 600만 원이 들어왔다. 한 CEO가 다음 달에 기업 강연을 부탁한다면서 강사료를 선지급한 것이다. 기적일까? 에너지에 끌려온 결과일까?

이에 비해 나는 이런 경험들이 없다 보니 풍요의식 또한 없다. 오히려 돈과 관련해서 안 좋은 어릴 적 기억이 더 많고 돈 탓에 가족이 싸운다고 여겨왔다. 가난뱅이 머니패턴에서 부자 머니패턴으로 바꾸기 전까지는 말이다.

그렇다면 당신은 어떤가? 다음의 질문에 답해보자.

당신에게는 돈에 대한 어떤 신념이 있는가?
예) 돈은 필요할 때 생긴다.

돈은 _____(이)다.

만약 당신이 내 아내처럼 '돈은 필요할 때 생긴다'라는 신념이 있다면, 돈이 필요할 때마다 그 신념이 어떤 방법으로든 돈이 생기게 작용했을 것이다. 하지만 '돈은 늘 풍족하지 않다'라는 신념이 있다면 행동에 자꾸 제동을 걸릴 수 있으며, '돈은 먹고살 만큼만 생긴다'라는 신념이 있다면 그 영향으로 자신도 모르게 딱 생활비 정도의 돈이 생길 때까지만 일하게 될지 모른다.

신념에는 힘이 있다! 당신이 한계를 뛰어넘고 싶다면, 새로운 머니패턴을 갖고 싶다면, 스스로에게 질문해야 한다.

'어떻게 하면 풍족해질 수 있을까?'
'어떻게 하면 돈이 나를 따라오게 할 수 있을까?'
'어떻게 하면 수입의 경로를 늘릴 수 있을까?'

자문자답을 하는 동안 당신이 고수해왔던 돈에 대한 사고방식은 달라진다. 가진 것에 초점을 맞추는 것이 아니라 돈은 무한하며, 창조할 수 있는 것이며, 관리할 수 있다는 사실을 깨닫게 된다. 그리고 당신이 부모로부터 물려받은 돈에 대한 생각이 무엇인지, 또 그것이 건강한 생각인지 판단이 설 것이다. 이제 확실히 심리패턴과 머니패턴을 바꿔야겠다는 결심이 섰는가?

기독교에서는 '무릇 당신의 마음과 생각을 지켜라. 생명의 근원이 이에서 나타난다'고 한다. 불교에서는 '우리가 지금 존재하는 것은 우리 생각의 결과다'라고 한다. 힌두교에서는 '인간은 자기가 생각하는 대로 이루어진다'라고 한다. 비단 종교뿐만이 아니다. 어느 유명한 이동통신업체의 캐치프레이즈는 '생각대로 T'다.

모두가 말하고자 하는 초점은 같다. 삶은 결국 생각이 만들어간다는 것이다. 하버드대학교 심리학 교수였던 윌리엄 제임스William James 는 "우리 세대의 가장 위대한 발견은 자신의 마음가짐을 바꾸는 것으로 자신의 인생을 바꿀 수 있다는 것이다."라는 위대한 말을 남겼다. 우리는 생각을 바꿔야 한다. 나를 위한 돈은 부족함이 없다는 신념을 가져야 한다. 심리패턴부터 머니패턴까지 확 바꿔야 한다.

돈에 대한 긍정적 기억을 만들라

우리 안에 있는 가능성은 내 과거의 경험을 뛰어넘을 수 없다. 부자는 돈에 대한 좋은 경험이 있거나 그런 경험이 없다면 과거를 되돌아보고 배우거나 깨달음을 얻은 사람이다. 부모로부터 물려받은 것이 없다 해도 상관없다. 세상 모든 부자가 부모에게 좋은 것만 물려받지는 않았다. 하지만 노력하지 않으면 부모의 안 좋은 패턴은 그대로 대물림된다.

새로운 머니패턴으로 과거의 기억을 지울 수 있다. 돈에 대한 새로운 에너지를 만들면 과거에 갖고 있던 돈에 대한 부정적인 에너지는 사라지는 법이다.

이제 돈에 대한 당신의 최초의 기억을 찾아라. 어린 시절 돈과 관련해서 기억나는 일이 있는가?

1. 돈과 관련된 초기 기억을 적어라.
예) 아버지의 월급날 벌어진 부모님의 부부싸움이다. 겨울철 집 마당에 던져진 월급봉투를 보고 나와 누나는 1만 원짜리 한 장이라도 날아갈 새라 마당으로 달려가서 돈을 주웠다.

_____

_____

2. 그때 나의 느낌은?

예) 불안했다.

_____

3. 그 느낌 안에서 돈을 무엇이라고 생각하는가?

예) 돈이란 싸움의 시작이다.

돈이란 _____(이)다.

4. 그 느낌 안에서 당신은 무엇을 해야 하는가?

예) 나는 무시당하지 않으려면 돈을 벌어야 한다.

나는 _____해야 한다.

5. 이 사건으로 인해 당신이 배운 점이 있다면?

예) 돈이 없으면 무시당한다고 느낄 정도로 열등감이 있었구나.

나는 _____(을)를 배웠다.

6. 이 사건을 긍정적으로 재해석한다면?

예) 다행이다. 누나와 나는 아버지의 월급을 한 푼도 잃지 않고 모두 주웠다. 역시 나는 찾는 데 손이 빠르다.

_____

_____

  돈에 대한 당신의 최초의 기억이 안 좋을 수도 있고 좋을 수도 있다. 만약 안 좋은 기억이라면 아직 바꿀 기회가 있다. 나 같은 경우는 안 좋은 기억이었다. '돈이 없으면 무시당해.' '돈이 있으면 싸워.' 주로 이런 것들이었다. 때문에 돈을 벌어도 돈을 모을 수는 없는 심리패턴과 머니패턴이 생겨났던 것이다.

  만약 당신도 나처럼 돈에 대한 최초의 기억이 좋지 않다면 다음 작업을 해라. 주의하라. 어떤 기억을 많이 가졌는지는 중요하지 않다. 돈에 대한 건강한 재해석이 중요하다. 당신의 머니패턴을 찾아서 긍정은 강화시키고 부정은 재해석하면 된다. 그 후에 긍정적인 기억으로 강화시키면 누구나 부자 머니패턴을 가질 수 있다.

긍정적인 에너지로 부자 머니패턴 만들기

그렇다면 이제는 긍정적인 기억을 강화해보자.

1. 돈에 대한 당신의 긍정적인 사례를 써라.

예) 회사를 그만두고 처음 구미에 있는 LG그룹에 강의 갔을 때 90분 강의하고 당시 한 달치 월급에 해당하는 강의료를 받았다.

_____

_____

2. 이때 나의 느낌은?

예) 와, 신기하다. 기쁘다.

나의 느낌은 _____(이)다.

3. 이 느낌 안에서 돈이란 무엇인가?

예) 돈이란 벌기 쉽구나.

돈이란 _____(이)다.

4. 이 느낌 안에서 나는 무엇을 배웠는가?

예) 자신의 역량을 강화하면 언제든지 고수익을 올릴 수 있다.

나는 _____(을)를 배웠다.

5. 현 시점에서 돈을 벌기 위해 당신이 할 일은 무엇인가?

예) 업계가 레드오션이 되었으니 융합을 시켜야 한다.

나는 _____(을)를 해야 한다.

돈에 대한 좋은 기억을 찾는 것이 중요하다. 돈에 대한 긍정적인 에너지를 강화시킬 수 있기 때문이다. 없다면 우연히 돈을 주웠던 경험을 떠올려도 괜찮다. 그 경험 속에서 '내가 일하지 않아도 돈이 들어오네', '나는 운이 좋아' 등의 좋은 기억을 찾자. 그리고 5번에 대한 대답을 쓴 후에 구체적인 계획을 세워라. 사람을 만나야 한다면 주변에서 조력자를 구하고 만나기 시작해야 한다.

한번은 스리랑카를 기반으로 사업을 하는 여성이 상담하러 나를 찾아왔다. 돈이 꽤 많은 사업가인데 남에게는 풍성하게 대접해도 정작 자신에게는 알뜰했다.

"제가 어린 시절 너무나 어렵게 살아서인지 저를 위해서는 명품이나 비싼 것을 못 사겠더라고요. 그런데 제 자식들은 전혀 달라요. 늘 풍족하게 자라서 비싼 명품을 척척 구입해요. 저는 조금만 비싼 걸 사도 죄의식을 느끼거든요. 가끔은 누릴 줄 아는 자식들이 부럽습니다."

이렇게 말하는 사업가의 얼굴에는 씁쓸한 표정이 떠올랐다.

절대로 돈을 막 쓰라는 얘기가 아니다. 돈이 있어도 누릴 줄 모른다면 행복한 부자가 될 수 없다는 점을 말하고 싶다. 이 사업가와 대화를 해보니 가난한 시절에 동생을 잃은 일이 있었다. 그래서 좋은 옷을 입으려 한다거나 고급 음식을 먹으려 할 때 문득문득 동생이 떠오른다고 했다.

나는 사업가에게 질문을 했다.

"만약 동생이 살아 있었다면 누나의 그런 모습을 보고 과연 뭐라고 할까요?"

"안 좋아했겠지요. 거지같이 살지 말라고 할 것 같아요."

돈은 좋은 에너지를 통해서 온다. 당신이 행복하고, 당신이 누릴 줄 알아야 돈도 찾아온다. 그런 사람이 되기 위해 돈에 대한 좋은 기억을 생각하라. 없다면 만들어라. 어떻게 하느냐고? 누구에게 커피 한잔이라도 대접하라. 그 후에 '돈이 있으니까 내가 커피를 살 수 있구나. 돈을 벌어야겠네'라며 감사하고 기뻐하라.

이제 돈에 대한 당신의 패턴을 전부 확인했는가? 이를 통해 자신이 어떤 사람인지, 어떤 점들을 바꿔야 하는지 찾았는가? 이것이 부자 머니패턴을 입는 첫 단추라 생각하고 계속해나가기를 바란다.

가치관을 바꿔야
변화가 시작된다

가치관에 대해서는 제2장에서 한차례 다뤘기 때문에 당신은 가치관이 사람의 열정을 깨우고 행동하게 하며, 돈을 벌어야만 할 이유까지 제공한다는 사실을 잘 알고 있을 것이다. 나는 최근 가치관의 힘을 절실히 경험했다.

건설업에 종사해온 한 사장님과 이야기를 나누었다. 필리핀으로 가려고 한국에서 하던 건설 사업을 막 정리한 참이라고 했다. 너무 갑작스러운 소식이라 이유를 물었다.

"오랫동안 기반을 닦아 회사를 여기까지 이끌어오셨는데 외국이라뇨? 게다가 필리핀이요?"

"제가 필리핀 팔라우를 여행으로 갔었어요. 그런데 사람들이 너무나 가난하게 살고 있더라고요. 일자리가 없으니 인재들이 놀고 있고, 가난이 대물림되는 게 눈에 보였습니다. 마치 1970년대 우리나라 같더군요. 저 어릴 때 생각도 났고요. 문득 우리가 미국 선교사들에게 교육받고 일자리를 창출한 것처럼 저도 그런 일을 하고 싶어졌습니다. 교육과 일자리로 가난을 퇴치하고 잘살게 하고 싶습니다."

지금까지 열심히 일하며 돈을 벌어온 사장님 마음 안에 새로운 가치관이 선 것이다. 가치관은 스스로에게 계속 질문을 하게 한다. '어떻게 하면 이 사람들을 잘살게 만들어줄까?', '어떻게 하면 팔라우를 부자 동네로 만들어서 가난을 퇴치할 수 있을까?'

가치관은 돈을 벌게 만드는 열정의 밑바탕이다. 가치관이 있어야 돈이 있어도 행복한 부자가 될 수 있고, 가치관이 있어야 돈이 없어도 다시 시작할 수 있다. 그런데 대부분의 사람들은 자라면서 가치관에 대해 배워본 적도 없고 들어본 적도 없다.

가치관을 통해 기업을 일군 회사를 생각하면 나는 제일 먼저 준오헤어가 생각난다. 몇 년 전부터 준오헤어에 '신바람 문화 만들기' 도입을 위해 교육을 진행하면서 매장 원장들과 좋은 관계를 맺을 수 있었다. 준오헤어의 강윤선 대표는 이미 여러 언론매체에서 독특한 기업문화로 유명한 사람이었는데, 옆에서 지켜보니 대표와 원장들의 사이가 여느 기업과는 정말 달랐다. 가족적이면서 서로를 존중하는 관계, 매장 운영에 대한 여러 의견을 자유롭게 이야기하고 또 대표는 그 의견을 자연스럽게 받아들였다. 상하관계라기보다는 파트너십에 가까웠다.

이런 문화를 만들어낸 강 대표의 가치관은 어디서 생겨났을까? 그녀는 "남이 더 이득을 보게 만들어라."라는 말을 귀가 따갑도록 듣고 자랐다고 한다. 그녀는 어떤 일을 할 때마다 이 일이 남에게 도움을 주는지를 고민한다. 그래서 자기 집을 판 돈으로 원장 몇 명을 데리고 해외로 공부하러 가는 결정을 내릴 수 있었다. 또 준오헤어는 모든 비용을 카드로 받는다. 세금을 투명하게 내기 위해서다. '무엇이 이런 기업문화를 만들었는가?'라고 질문하면 답은 하나밖에 없다. '남이 더 이득을 보게 만들어라'는 강 대표의 가치관과 기업 철학 때문이다.

사람들이 나를 찾아오면 이런 질문을 자주 한다.

"소장님, 어떻게 하면 환경을 변화시킬 수 있을까요?"
"어떻게 하면 감정을 추스를 수 있을까요?"
"어떻게 하면 관계를 회복할 수 있을까요?"

사람들이 무너지는 원인은 환경, 감정, 능력, 적성 등이 아니다. '과연 사람들이 무너지는 이유가 무엇일까? 자존감일까? 자존감보다 한 차원 더 높은 것이 있는데, 그게 뭘까?' 하는 분석 끝에 나는 결국 자존감이 무너져도 다시 일어설 수 있는 것은 가치관 덕분임을 알게 됐다. 가치관은 삶의 방향이다. 길잡이가 되는 가치관이 없기에 정신이 무너진 것이다. 그 뒤 나는 가치관을 깊게 다루고 있으며 머니패턴도 그 위에 설계되어야 한다고 믿는다.

가치관은 이렇게나 중요하다. 그럼에도 불구하고 우리는 가치관에 따른 인생을 살라고 제대로 배운 적이 거의 없다. 어린 시절 부모가 반복적으로 들려준 이야기나 사회 구성원 대다수가 추구하는 가치를 자연스럽게 받아들여서 마치 내가 정한 인생의 가치관처럼 떠받들고 있다. 이러다 보니 무엇이 잘못됐는지조차 모르고 그냥 살아가는 사람이 너무 많다.

부모로부터 잘못 배운 가치관을 버려라

한번은 한 목회자 아내를 만났다. 그녀는 이런 말을 했다.

"저는 어린 시절 엄마에게 오만가지 욕을 먹고 자랐어요. 엄마는 툭하면 저와 언니에게 이렇게 퍼부었어요. '네까짓 것들이 뭘 할 수 있어!' 엄마가 함부로 말씀하시는 것도 그렇고 내 자존감을 짓밟는 것도 정말 싫었어요. 그런데 너무나 싫었던 그 행동을 저도 하고 있어요. 제 아이들에게요. 어느 날 정신차려 보니 부모로부터 물려받은 잘못된 말을 지껄이고 있더라고요. 그래서 20일 동안 금식을 했어요. 다시는 그런 말을 절대로 하지 않겠다고 다짐하고 또 다짐했어요. 화가 날 때마다 방에 들어가서 입을 틀어막았어요. 그거 아세요? 잘못된 말을 안 한다는 것이 얼마나 힘든 일인지. 잘못된 말을 내뱉기가 또 얼마나 쉬운지."

그녀의 말에 참으로 공감이 갔다. 부모가 알려주고 정해준 대로 사는 것은 자연스럽고 쉽다. 하지만 부모가 자신을 잘못 가르쳤다면 더이상 그것을 받아들이면 안 된다. 하루빨리 깨닫고 바꾸려는 노력을 해야 한다. 심리가 이런데 돈은 어떻겠는가? 그녀는 어린 시절 군것질을 해본 적이 없다고 한다. 부모가 늘 "돈 없으니까 네가 벌어서 사 먹어"라고 했기 때문이다. 하지만 그녀는 가치관을 바꾸고 머니패턴을 바꾼 후 지금은 인터넷 사업을 시작해서 돈을 벌고 있다.

당신은 어머니와 아버지로부터 물려받은 가치관이나 언어 습관이 있는가? 부모의 어떤 말을 들었을 때 지긋지긋했다거나, 화가 났다거나, 짜증스러웠다면 그 말이 당신의 현재에 상당한 영향력을 발휘하고 있을 가능성이 높다. 특히 심리패턴과 머니패턴에 말이다.

이번에는 내 이야기를 해보겠다. 내 부모님은 경제적으로 힘들게 사셨다. 그래서 자식들이 뭘 사달라고 하면 이렇게 말씀하시곤 했다.

"내려다보고 살아라."
"송충이는 솔잎만 먹고 살아야 한단다."
"뱁새가 황새를 쫓아가다가는 다리 가랑이가 찢어져."

당시만 해도 그런가 보다 했다. 아니, 당연하다고, 맞는 말이라고 여겼다. 오죽했으면 초등학교 때 좌우명 쓰기를 했는데 나는 '내 분수대로 살기'라고 적었다. 당시에는 이 말이 미덕인 줄 알았다. 하지만 실제로는 미덕은커녕 인생에서 내 발전을 가로막은 악덕이었다! 이 말의 영향으로 알게 모르게 나는 도전을 주저하는 사람이 됐다. 도전하지 않는 것이 내 분수에 더 맞다고 생각했다.

30대 후반 힘든 시기가 닥쳤다. 그때 내게 질문하게 됐다.

'내 분수가 뭘까? 부모가 물려준 숙명론에 의해서 사는 것인가? 나는 황새를 꿈꾸면 안 될까? 내가 추구할 수 있었던 더 높은 꿈을 스스로 접은 것은 아니었을까? 나는 삼시 세끼 먹고사는 것으로 만족해야 하나?'

나는 내 틀을 깨고 싶었다. 그리고 비로소 부모가 세뇌시킨 잘못된 가치관에서 벗어나기로 결정했다.

'나는 뱁새도 아니고 나는 황새도 아니다. 나는 돈을 창출해낼 수 있는 자일 뿐만 아니라 모든 일에서 탁월한 삶을 살도록 설계된 자다!'

이렇게 선언하니, 그다음부터는 일이 좀 더 수월하게 풀렸다. 누구에게나 더 잘할 수 있는 구석, 돈을 더 많이 벌 수 있는 구석, 더 높이 올라갈 수 있는 구석이 반드시 있다. 잘못된 가치관을 버린 뒤 이런 것들로 채워야 한다.

새로운 가치관을 세우는 방법

세계적인 경영학자 피터 드러커Peter Drucker 인생에 가장 중요한 일은 그가 열세 살 때 일어났다. 종교 과목을 가르치던 필리글리 신부가 학생들에게 이렇게 물었다.

"너희들은 죽은 후에 어떤 사람으로 기억되기를 바라니?"

피터 드러커는 그 질문을 자신의 인생을 바꾼 질문으로 꼽는다. 그는 이후에 '죽음 앞에서 무엇을 남길 것인가?'라는 질문에 대해 답하며 흔들리지 않고 살아갈 수 있었다. 당신도 가치관을 확립하면 왜, 무엇 때문에, 어떤 이유로 그 일을 하는지, 즉 자신이 하는 일의 의미를 분명히 할 수 있다. 그렇게 하면 일하는 과정에서 행복을 더 느낄 수 있고 일에 대한 만족도까지 높아진다.

이제 자신에게 가장 어울리는 가치관을 설정하기 위해 피터 드러커처럼 스스로 질문을 해보자. 기업인은 물론, 개인에게도 다음 질문들의 답을 고민하는 과정은 반드시 필요하다.

가치관 설정을 위한 3가지 질문

1. **당신은 어떤 핵심가치로 살아갈 것인가?** 당신이 원하는 것을 간략히 몇 단어로 쓰면 된다. 처음 해보는 일이라 아무 생각도 나지 않을 수 있을 것이다. 하지만 현재를 뛰어넘고 싶다면 반드시 묻고 답해야 한다. 당신 안에는 해결책이 있고, 당신은 풍요롭게 살 권리가 있는 사람이다.
   예) 행복한 가정, 재능대로 능력을 키우기

   ---

2. **당신은 어떤 사명선언서가 있는가?** 사명선언서는 당신의 핵심가치를 문장으로 풀어쓴다고 생각하면 된다.
   예) 나는 인적 네트워크를 통해 기쁨으로 가정을 회복하고 건강하고 능력 있는 선생님들과 대안학교를 세워 인성, 지성, 관계, 재정에 영향력 있는 300명의 리더들을 만든다.

_____

_____

3. 당신은 어떤 비전선언문이 있는가? 핵심과 사명을 이룬 결과이므로 구체적이고 가시화, 수치화하면 된다. 중장기로 나누어서 설계한다면 더 좋다.

예) 3월에 각 분야의 뛰어난 4명의 CEO들과 원데이 세미나를 개최한다.

8월에 1박 2일 머니패턴 프로그램을 진행한다.

2020년 플랫폼을 통해 머니 시스템을 구축한다.

2023년 대안학교 시작의 문을 연다.

_____

_____

_____

외국 기업이나 글로벌 기업들은 문화가 기업을 성장시킨다는 생각을 확실히 가지고 있다. 그래서 핵심가치나 비전, 사명들을 아주 중요하게 여긴다. 이에 비해 우리 기업은 수익 내는 것만을 중시할 뿐 이 같은 문화가 별로 없다. 당장은 빨리 성장할 수 있다. 하지만 문화가 없으면 오래가기 힘들다. 개인도 마찬가지다. 가치관이 있는 사람은 돈에 흔들리지 않는다. 가치관 덕분에 돈이 만들어진다.

가치관은 당신이 돈을 벌어야 하는 방향이다. 올바른 방향이 정립돼야 삶이 더 풍성하고 여유로워진다. 본격적으로 나만의 가치관을 만들어보자.

가치관을 만드는 방법

1. 다음의 낱말 중 '내 삶에는 이것이 꼭 있어야만 해'라고 생각하는 것을 6개 골라보자. 만약 원하는 것이 없다면 직접 추가해도 된다.

가족/도전/소통/인내/창의/건강/명예/신뢰/인정/책임/공정/목표/신속/자율/충성/관용/변화/믿음/자존/탁월/권위/봉사/역량/정직/평화/균형/부유/열정/조화/학습/긍정/사랑/예술/존경/헌신/다양/성실/예의/종교/협력/단순/성장/완벽/지식/소망/도덕/성취/유머/지혜/신앙/영향/성공

(기타:)

2. 삶에서 중요하다고 여기는 6가지를 고려하며 다음의 질문들을 통해 삶을 돌아보라.

- 선택한 가치들에 어울리게 잘 살고 있는가?
- 선택한 가치 중 현재 추구하고 있는 것은 무엇이며, 그렇지 못한 것은 무엇인가?
- 실천을 잘하는 것과 잘하지 못하는 것은 무엇인가?
- 6가지를 잘 지키지 못했을 때 10년 후 자신의 삶은 어떻게 변했을 것 같은가? 반대로 이것을 잘 지켰을 때 10년 후 자신의 삶은 어떻게 변했을 것 같은가?

질문에 답하며 곰곰이 생각해보자. 마지막으로 6가지 중에서 생의 마지막 순간에 무엇을 남기고 갈지 2가지 택하라. 이 선택은 무척 의미 있다! 당신이 원하는 것을 선택하고 나면 실행할 확률이 높아진다. 물론 실행하지 않으면 인생은 전혀 달라지지 않는다.

실천 없이는 변화도 없다

다음에 제시된 질문들을 따라가면서 실천 계획을 세우자. 삶에서 중요하다고 선택한 2가지 가치가 만약 '건강'과 '부유'라면 이를 가지고 한 문장을 만들어보라. '나는 건강을 통하여 부를 이뤄가는 자다'라는 식으로 하면 된다. 이때 롤모델이 있다면 그 사람을 떠올리며 계획해보자. 그런 다음 나머지 질문들에 하나씩 답해가면 된다. 계획을 실천하는 기간은 본인이 정하기 나름인데, 한꺼번에 추진하기 어려운 성격의 가치라면 각각의 가치를 3개월 정도씩 번갈아 실행해보는 방법도 좋다.

 실천 계획을 세우기 위해 해야 할 것들

1. 나의 가치 있는 삶을 무엇에 도전하고 싶은가? 2가지를 선택하라.

2. 1번의 2가지 중에 어떤 것을 당장 실천하겠는가?

3. 몇 개월 동안 실천하겠는가?

4. 이것이 잘 실현되면 어떤 기분이 들까?

5. 잘 실현되었을 때 주변 사람들은 당신에게 뭐라고 말할 것 같은가?

6. 그 결과가 당신에게 또 다른 어떤 의미가 있는가?

7. 대단한 자신에게 어떤 말을 해주고 싶은가?

8. 그 실현을 막는 문제점은 무엇인가?

9. 그 문제점을 어떻게 해결할 수 있을까?

10. 목표를 위해 어떤 구체적인 실천 계획이 있는가?

11. 언제부터 실행하겠는가?

12. 자신에게 어떤 보상을 하겠는가?

13. 다시 한번 묻겠다. 당신의 가치는 무엇인가?

14. 잘 실천하고 있다는 것을 어떻게 알 수 있을까?

IT 업종에서 일하는 30대 팀장을 만났다. 그는 고민을 털어놓았다.

"실적이 좋지 않으면 모든 게 제 탓 같아요. 그래서 기가 죽어요."

이런 감정이 올라올 때는 회피하고 싶다고 했다. 전형적인 열등감 머니패턴, 즉 피해자형이었다. 어린 시절 아버지는 그가 싫어하는 수영을 유난히 시켰단다. 그리고 못 해내면 그 자리에서 소리를 지르고 불같이 화를 냈다.

"남자 새끼가 그것도 잘 못해? 쓸모없는 놈."

어느 날 아버지는 수영 모자까지 그에게 던지며 심한 말을 했다. 그이후로 그는 뭐든 잘되지 않으면 자꾸 이렇게 생각하게 됐다.

'나는 이것도 잘 못해.'

부정적인 패턴에 빠져버린 것이다.

나는 팀장에게 물었다.

"언제 가장 성취감을 느꼈나요?"

"음…, 자전거로 유럽을 여행한 적이 있어요. 그때였던 것 같아요"

"자전거 여행이 잘 실현됐을 때 기분이 어땠어요?"

"제가 너무나 자랑스러웠어요."

"자신에게 어떤 말을 해주고 싶었나요?"

"너도 잘하는 게 있어. 불가능한 건 세상에 없어."

에너지가 마이너스인 사람에게는 성취 경험을 통해 플러스 에너지로 바꾸는 것이 아주 중요하다. 상담하는 동안 가치관과 실천 계획을 세우는 질문들을 통해 그 팀장은 가치관을 새롭게 마련할 수 있었다. 그는 나와 의논한 끝에 수영에 다시 도전하기로 했다. 엄격한 아버지

탓에 지금까지 죽어도 싫어했던 수영을 해봄으로써 열등감을 없애기로 한 것이다.

그다음 주에 수영장 수강증을 보내왔다. 그러면서 하는 말이 "소장님, 제가 이번 주에 회사에서 어땠는지 아세요?"라는 문자가 왔다. 전에 없이 팀을 북돋아주는 행동을 했고, 그래서인지 팀 실적이 좋게 나왔다는 것이다. 그는 이렇게 점차 회사에서 쓸모 있는 리더로 성장해가고 있다.

자신의 수입 경로를
되돌아보라

컨퍼런스를 진행하기 위해 미국에서 강사로 온 어떤 목사를 만났다. 이 목사는 수입 경로가 무려 10가지였다. 나의 첫 반응은 '목사가?!'였다. 목사는 돈 벌면 안 된다는 고정관념이 있었기 때문이다. 그분은 이렇게 말했다.

"제가 이 땅에 태어난 것은 풍성한 삶을 살기 위함입니다. 여기에는 재정도 당연히 포함됩니다."

미국인 목사는 사업, 강연 등 다양한 일로 돈을 벌고 있었다. 여태껏 종교인의 수입에 대해 제한적으로 여겨왔는데, 미국의 목사는 그렇지 않다고 했다. 게다가 그분은 열심히 벌어서 마약 등으로 고통받는 빈민가 청년들을 구제하는 데 후원하고 있었다. 이것이 바로 '돈에 마음을 빼앗기지 않고 돈을 만들어가는 구조'다. 부자는 절대로 수입 경로를 하나로만 만들어두지 않는다.

놀라운 이야기를 들려준 그 목사를 만나면서 나의 수입 경로를 되돌아볼 수 있었다. 나는 오랫동안 수입 경로가 하나였다. 그리고 내가 어릴 적 우리 아버지도 마찬가지였다. 우리 집은 외벌이 가정이었고, 아버지는 초등학교 교사였다. 당연히 우리 집의 수입 경로는 아버지의 월급밖에 없었다. 자연스럽게 내게는 '돈은 아버지가 버는 것. 수입의 경로는 단 하나'라는 선입견이 생겼다.

수차례 설명했듯 보고 자란 것이 우리에게는 전부다. 패턴을 바꾸기 전까지는 말이다. 나 또한 부모님으로부터 배운 머니패턴이 익숙했기에 아무 의심 없이 같은 방식으로 살아왔다. 부자들의 노하우를 전혀 모른 채.

한때 나는 한 달에 몇 천만 원을 벌었다. 이 수입을 나는 왜 다른 부를 창출할 수 있는 곳에 적극적으로 투자하지 않았을까? 곰곰이 따져보니 내 노동만이 수입 경로라는 고지식한 편견 때문이었다. 돈을 불려야 한다, 투자를 통해 자산을 증식해야 한다는 생각은 내 머릿속에 아예 없었다. 일찍 알았더라면 다른 수입 경로에 투자를 했을 것이고, 돈 때문에 불안해서 부부싸움을 할 일도 없었을 것이다.

당신의 수입원은 몇 개입니까?

수입 경로를 여러 개 만드려면 어떻게 해야 할까? 참고할 만한 실제 사례들을 소개하겠다.

첫 번째로 일반 회사원이다. 내 대학 친구인데 수입 경로가 2가지다. 주중에는 직장에 다니고 주말에 농장을 한다. 유기농으로 블루베리를 키워서 인터넷으로 내다 판다. 큰돈이 되는 것은 아니지만 수입 경로가 단 하나인 사람보다는 경제적으로 낫다. 그 친구에게 물었다. 어떻게 직장 다니면서 다른 일을 할 생각을 했냐고. 그랬더니 하는 말이 "우리 아버지가 공무원이면서 주말 농사를 지으셨어." 하는 게 아닌가. 친구 역시 아버지의 사는 모습을 보고 자연스럽게 배웠고 2가지 수입원을 당연하게 여기게 됐다.

두 번째로 소개할 사람은 지방의 중학교 교사다. 동시에 태양광 패널 사업을 하고 있다. 교사는 보통 오후 4~5시에 퇴근을 하고 방학도 있으니 일반 직장인보다는 시간이 조금 여유롭다. 그는 태양광 발전에 관심을 두고 패널 사업에 적합한 시골의 땅을 구입해서 패널을 설치하고 수입을 얻고 있다. 수입 경로는 앞의 사례와 같은 2가지여도 첫 번째 경우보다는 훨씬 적극적으로 투자하는 경우다. 투자를 하기 때문에 수익도 더 높아질 가능성이 있다.

세 번째로는 펀드매니저의 사례다. 내 지인인 그는 회사에서는 주식, 펀드 투자가 주요 업무지만 퇴근 후에는 부동산 투자를 한다. 특히 주말마다 모델하우스를 보러 다니는 것이 취미다. 아예 다세대 주택을 직접 지어서 집주인이 됐고 매월 월세를 300~400만 원 정도 받는다. 더군다나 그런 노하우를 소규모 강의를 통해 전파하고 있으며 관련한 책도 집필 중이다. 그는 현재 월급, 부동산 투자, 강의로 수입을 얻고 있다. 그리고 가까운 미래에는 저서 판매에 대한 인세까지 추가되어 수입 경로가 4가지나 된다.

당신은 현재 돈을 벌고 있거나 혹은 당신의 가족 중 누군가가 돈을 벌고 있을 것이다. 과연 몇 가지 경로로 돈을 벌고 있는가? 그렇다면 다음 중 당신이 돈을 벌 가능성이 있는 수입원은 무엇인가?

- 부모로부터 상속받는다.
- 일자리를 통해 얻는다.
- 사업을 통해 얻는다.
- 부동산 투자를 한다.
- 주식 투자를 한다.
- 책을 집필해 인세를 받는다.
- 강의해서 강의료를 받는다.
- 지적재산을 통해 얻는다.
- 금융을 통해 얻는다.

대부분이 '수입 경로가 직장에서 받는 월급 이외에 뭐가 있어?'라고 생각했을 것이다. 하지만 돈을 벌 가능성이 있는 수입원의 예시들을 보니 놀랍지 않은가? 어쩌면 나도 가능하지 않을까 하는 항목도 있을 것이다.

많으면 많을수록 좋은 수입 경로

몇 곳에서 수입이 나오기를 바라는가? 이것을 정하는 게 물려받은 수입 경로를 바꾸는 시작이다. 강의료, 인세, 임대 수익, 금융 투자 수익, 저작권 수입 등 적어도 3개 이상을 만들어라.

당신이 원한다면 언제든지 수입 경로를 넓힐 수 있다. 당신이 하고 싶었던 것, 잘하는 것을 중심으로 늘려가라. 당장 큰 수입이 나오지 않아도 된다. 하나씩 경로를 만들다 보면 어느 시점에 가서는 풍족한 수입이 되어 돌아올 것이다.

수입 경로를 만드는 과정에서 도움이 될 질문들을 제시한다. 인세 수입을 목표로 잡았을 때를 가정해 작성된 것이다. 당신도 수입 경로를 하나 정한 뒤 질문들에 따라 계획을 세워라. 그리고 실행하라! 아무리 훌륭한 계획이라 해도 행동으로 옮기지 않으면 소용없다.

 수입 경로를 만들기 위해 물어야 할 것들

1. 무엇에 도전하고 싶은가?
인세 수입을 위한 책 집필

2. 몇 개월 안에 도전하겠는가?
2개월

3. 이것이 잘 실현되면 어떤 기분이 들까?
아주 멋질 것이다.

4. 잘 실현되었을 때 사람들은 당신에게 뭐라고 말할까?
좋은 책을 써주셔서 감사합니다.

5. 그 결과가 당신에게 또 다른 어떤 의미가 있는가?
수입 경로를 늘릴 수 있는 통로 획득, 누군가의 삶에 도움이
되는 기쁨.

6. 대단한 자신에게 어떤 말을 해주고 싶은가?
그래, 너는 역시 할 수 있는 사람이야. 다음 번에도 잘할 수 있어.

7. 그 실현을 막는 문제점은 무엇인가?
뒤로 미루는 것

8. 그 문제점을 어떻게 해결할 수 있을까?
출판사 사람을 만나 계약서를 당장 작성한다.

9. 언제부터 실행하겠는가?
오늘 당장(20××년 ×월 ×일).

10. 다 이뤄졌을 때 내게 어떤 보상을 하겠는가?
어머니를 모시고 어머니 고향을 방문한다.

11. 다시 한번 묻겠다. 당신은 누구인가?
나는 사람들의 정체성을 회복시키는 사람이다.

또 다른 수입 경로가 만들어지면 당신은 행동하게 된다. 바로 내가 그랬다. 오랫동안 단 하나의 수입 경로만 갖고 있던 나는 이것이 잘못된 머니패턴이라는 사실을 깨닫고 다른 수입 경로를 만들기 시작했다. 강의료, 상담료, 플랫폼을 통한 수입, 인세, 임대료, 미디어를 통한 수입 등 현재 내 수입 경로는 다양하다. 아직 내로라하는 부자는 아니지만 수입 경로가 많아졌으니 차차 바뀌어갈 것이다.

머니패턴 코칭을 통해 수입 경로를 늘리라는 조언을 받고 적극적인 실천에 나선 바람직한 사례도 있다. 기업 컨설팅 전문가다. 여태껏 그는 컨설팅 비용 외에 다른 수입 경로가 없었다. 내 코칭 후에 그는 6개월간 3천만 원을 모아서 셰어하우스를 시작했다.

"소장님, 아직 큰 수입이 들어오는 건 아니지만 새로운 수입의 통로가 생겼다는 것 자체로 마음이 든든합니다. 점차 제 자산이 좋은 방향으로 개선될 거라는 믿음이 생깁니다."

자, 이제 당신 차례다. 수입 경로를 단 하나만 고집하는 가난뱅이의 머니패턴을 바꿔야 할 때다. 처음부터 단번에 큰돈을 벌긴 어렵다. 소소한 수입 경로라도 가능성이 있는 것들을 찾아서 실천해보자. '아무리 작은 일이라도 정성을 담아 10년간 꾸준히 하면 큰 힘이 된다. 20년을 하면 두려울 만큼 거대한 힘이 되고, 30년을 하면 역사가 된다'라는 중국 속담이 있다. 그렇다. 결국 대승을 거두려면 작은 승리를 많이 거둬야 하는 법이다. 작은 것부터 실천해보자, 당장!

제 5 장

부를 창출하는
머니 패턴 3단계

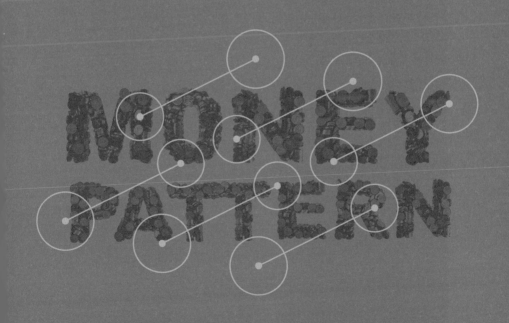

돈은 순환한다. 따라서 부를 얻는 방법은 한마디로 표현하면
돈이라는 에너지의 흐름에 뛰어들어 '제대로' 고리를 거는 데 있다.
_ 위르겐 힐러Jurgen Holler, 동기부여 전문가

돈은
생각에서 나온다

부를 창출하는 부자 머니패턴 뒤에는 마음을 새롭게 하고, 생각을 새롭게 하면 풍요로워질 수 있다는 원리가 숨어 있다. 우리의 생각에는 능력이 있다. 가난한 생각은 가난뱅이를 만들어내고 풍요한 생각은 부자를 만들어낸다. 선택은 온전히 당신의 몫이다. 지금의 편안함을 즐길지, 미래의 편안함을 위해 지금 당장은 편안하지 않더라도 변화를 선택할지는 온전히 당신의 선택에 달려 있다. 다만 현실은 당신이 선택한 생각의 결과라는 사실을 잊지 않기 바란다.

생각의 한계를 뛰어넘은 기적

예전에는 많은 사람들이 생긴 대로 살라는 이야기를 했다. 타고난 두뇌를 바꿀 수 없다고 생각했기 때문이다. 그러나 뇌과학 분야의 연구에 따르면 이는 사실이 아니다. 뇌는 달라질 수 있다. 그 대표적인 사례가 영국 런던의 택시 운전사들이다.

뇌과학자가 런던의 택시 운전사들의 뇌를 살펴보니 기억력을 관장하는 해마가 특히 발달해 있었다. 해마는 굵기 약 1센티미터, 길이 약 5센티미터 정도의 작은 기관이다. 인간의 뇌는 모든 정보를 기억하도록 만들어져 있지 않다. 받아들이는 정보량이 너무 방대하기 때문에 오히려 많이 잊어버리도록 만들어져 있다. 이때 기억에 남길 정보를 선별하는 곳이 바로 해마다. 해마가 '이 정보는 중요하다. 기억으로 남겨야 해'라고 판단한 정보는 뇌 속의 대뇌피질이라는 장소로 옮겨져 장기간 보존된다.

해마가 발달한 것이 확인된 런던의 택시 운전사들과 비교할 때 정해진 노선으로 운행되는 버스를 운전하는 기사들의 뇌는 평범했다. 연구 결과, 해마의 차이는 런던의 택시면허증 시험에 있었다. 런던에서 택시 면허증을 취득하기란 하늘의 별 따기다. 2만 5천 개가 넘는 도로를 다 외워야 면허증 시험에 통과할 수 있을 만큼 어려워서다. 보통 이 시험에 합격하려면 3~4년은 족히 걸린다. 이렇게 혹독한 과정을 통과한 런던의 택시 운전사들은 내비게이션이 없어도 어떤 도로든 잘 찾아다닌다고 한다.

이처럼 우리 뇌는 쓰면 쓸수록 발달한다. 우리의 생각도 마찬가지다. 당신이 계속 떠올리는 생각이 당신 삶의 결과가 될 확률이 높다. 그렇다면 당신은 어떤 생각을 가장 많이 하는가? 생각의 중요성을 알려주는 역사적 사례를 소개하겠다.

오랫동안 인간이 1마일(약 1.6킬로미터)을 4분 안에 주파하는 것은 불가능하다고 여겨져왔다. 1마일 달리기의 역사를 살피면 1923년 핀란드의 파보 누르미Paavo Nurmi 선수가 4분 10초 3으로 세계 신기록을 수립했다. 이전의 세계 기록에서 겨우 2초를 경신했는데, 무려 37년 만의 일이었다.

그러다 영국 옥스퍼드 의대생이자 육상선수로 활동하던 로저 배니스터Roger Bannister 가 1954년 5월 6일 대학 육상부와 아마추어체육인협회가 벌인 시합에서 1마일을 3분 59초 4에 주파했다. 이로써 4분이라는 마의 벽이 무너졌다. 누르미 선수가 세계 신기록을 수립한 이래 31년이라는 세월이 흐른 뒤였다. 이 소식은 전 세계를 떠들썩하게 했다. 언론과의 인터뷰에서 배니스터 선수는 "내가 배운 의학 지식을 활용해 매일 16분의 1초씩 단축하는 목표로 세운 것이 성공 비결이었다."고 밝혔다.

그런데 더 놀라운 일이 벌어졌다. 새로운 세계 신기록이 새워진 지 몇 달 만에 세계 각지에서 무려 23명의 선수가 4분 안에 1마일을 달렸다! 배니스터 선수의 기록 달성으로 사람들이 갖고 있던 심리적 한계가 사라진 것이다. 불가능이 사실은 가능한 일이었음을 깨달은 순간, 수십 년 동안 넘지 못했던 벽을 너도나도 넘게 됐다.

할 수 있다고 선언하면 인생이 술술

생각하는 대로 살지 않으면 사는 대로 생각하게 된다. 사람은 생각하며 살지 않으면 늘 하던 관성적인 심리패턴, 행동패턴대로 움직인다. 지금까지 여러 과정을 통해 자신이 어떤 머니패턴으로 움직이는지 알게 되었다면 이제 변화를 모색할 시간이다. 나 또한 마찬가지다. 나는 매일같이 관성이 된 생각을 거스르기 위해 내 생각을 향해 선언한다. 생각에 뿌리박힌 무의식이 바뀔 때까지 말이다.

선언이 왜 중요한가? 우리는 수시로 환경에 의해 자신의 힘을 잃어버린다. 환경을 보면 내 자신이 너무나 나약해진다. 하지만 선언하게 되면 어느새 당신이 그 자리에 앉는 것이 당연해진다. 선언은 무의식을 바꾸고 무한한 가능성과 교신하게 한다.

심리학에서는 이를 '선언 효과'라고 한다. 이에 따르면 자신에게 말로 선언하면 그 영향으로 사고방식이 바뀐다. 단순히 외치기만 하면 되는 것은 아니다. 긍정적인 형식으로, 반복적으로, 자주, 생생하게 이미지를 그리며 선언하라.

특히 '긍정적인 형식'이어야 한다는 점이 매우 중요하다. 인간의 뇌는 부정어를 인식하지 못하는 특징이 있다. 예를 들어 '독수리를 떠올리지 말라'는 말을 들으면 머릿속에 바로 독수리를 생각한다. 따라서 '~을 하지 말라', '~하지 않는다'는 식의 선언은 효과가 없다. 만약 금주하고 싶다면 '술을 마시지 않는다'가 아니라 '나는 금주가가 된다'는 말이 선언으로 더 적합하다.

다음은 내가 선언하는 것들이다.

- 나는 돈을 다스리고 정복하는 자다.
- 내게 올 만한 돈은 충분하다.
- 내가 누리는 것이 당연한 일이다.
- 내게는 돈을 만들어낼 지혜가 충분하다.
- 돈의 에너지는 날마다 나에게 온다.
- 나는 재물을 얻을 능력이 있다.
- 내가 잃었거나 심었는데 열매 맺지 못한 돈들은 배가 되어 돌아온다.

나는 이 같은 선언을 반복함으로써 말의 힘으로 생각을 변화시키고 있다. 내게 일어났던 일을 예로 들어보겠다. 1997년 나는 국내 최초로 웃음 치료를 시작했다. 당연히 남들에게는 아주 생소한 분야였기에 "네? 웃음을 연구한다고요? 정말이에요?"라는 질문들을 많이 받곤 했다. 그런데도 그 시절에 나는 스스로에게 선언했다.

'나는 책을 쓰게 될 것이다. 그리고 조만간 텔레비전에 나올 것이다.'

혼자 속으로만 말한 게 아니다. 사람들에게도 말하고 다녔다.

"무슨 빽이 있어서 책을 쓰고 텔레비전에 나올 수 있겠어?"

이게 사람들의 솔직한 반응이었다. 하지만 나는 기죽지 않고 선언하고 다녔다. 그 결과 어떻게 되었을까? 책을 내자고 출판사에서 의뢰가 왔고 방송국에서 출연 요청을 받았다. 그렇게 해서 현재까지 10권의 책을 출간했다. KBS, MBC, YTN 뉴스와 〈SBS 스페셜〉 '웃음에 관한 특별보고서'편, KBS 〈아침마당〉 등 여러 방송에 출연도 했다. 이렇듯 선언에는 폭발적인 힘이 있다. 당신도 원하는 것이 있다면 선언하라. 선언이 분명 당신의 소원을 이뤄줄 것이다.

사례를 하나 더 들어보겠다. 내게 상담받던 사람이 고민을 털어놓았다.

"제가 30년 전에 거제에 땅을 샀어요. 그런데 십 수 년 전부터 아무리 팔려고 애를 써도 안 팔리네요. 그 땅만 팔아도 숨통이 트일 것 같은데, 정말 답답합니다."

이때 내가 뭐라고 했을까?

"그 땅이 팔리도록 선언해봅시다. 그것도 일주일 안에 팔리도록요."

어떤 이들에게는 황당한 해결책일지 모른다. 하지만 선언에는 분명 힘이 있다. 어쨌든 상담을 의뢰했던 사람은 선언을 한다고 해서 밑질 게 없으니 내 말에 순순히 따랐다. 사실 그 사람은 경제적으로 절박한 상황이었다. 심지어 상담비도 돈이 생기면 지불하기로 했을 정도였다.

"일주일 안에 내 땅이 팔린다."

의뢰자와 나는 이렇게 선언했다. 그리고 일주일이 흘렀다.

"소장님, 기적이 일어났습니다. 그 땅이 팔렸어요!"

300만 원의 상담비를 가져온 의뢰자는 거듭 감사를 표했다.

다른 사람들에게는 드물 수 있는 이런 기적이 내게는 자주 일어난다. 사례들을 소개하자면 한도 끝도 없다. 이제 나는 당신에게도 기적이 생기기를 소망한다. 간절히 바라는 소망을 현실화하고 싶다면 당장 선언하라. 당신의 뇌가, 생각이, 심리패턴이, 행동패턴이, 머니패턴이 바뀔 것이다. 절대 포기 말고 선언하라!

나는 23가지 꿈들을 매일 간절히 선언한다

목표를 이루기 위한 가장 빠른 방법이 있다. 날마다 마음속에 성공을 그리는 것이다. 그런데 이 말에 많은 사람들이 이렇게 반응한다.

"저도 다 알아요. 이제까지 들어왔던 이야기들이에요."

그럼 나는 질문한다.

"당신의 목표, 꿈은 도대체 어디 있나요? 보여주세요."

사람들은 착각하고 있다. 목표와 꿈을 머릿속에만 두고 있을 뿐 실제로 손에 잡히는 것이 그들에게는 없다. 실천하지 않는 것은 아직 진짜가 아니다.

성경에 이런 말이 있다.

"너희가 얻지 못함은 구하지 않는 것이다."

맞다. 원하지만 구하지 않는다. 간절히 원하지 않기 때문이다. 있어도 그만, 없어도 그만인 것이다.

그래서 나는 23가지를 목표를 써서 휴대전화 케이스에 넣고 다닌다. 매일 선언한다. 기독인이어서 목표에 기독교 용어들이 섞여 있다. 종교가 다른 독자들은 양해해주길 바란다. 설사 다른 종교를 믿는다고 해도 이런 이유로 변화를 포기하지 않았으면 한다. 자, 그럼 내 목표를 공개하겠다.

1. 나는 하나님과 친밀한 자다.

2. 내가 투자한 것은 모두 배 이상 돌아온다.

3. 나는 머니패턴 마스터로 국내 1위 권위자다.

4. 우리 집은 평당 3천만 원에 팔린다.

5. 사무실 입주비가 충분히 채워진다.

6. 중국에 투자한 사업이 풀리고 2019년부터 지분의 수익이 생긴다.

7. 5층짜리 힐링센터가 각 도시마다 세워진다. 지하에는 헬스클럽, 1
   층은 건강차 카페, 2층은 병원, 3층은 마음상담소, 4층은 교육실,
   5층은 건강 식당 및 예배실이 만들어진다.

8. 내 수입 경로가 7곳 이상이다.

9. 내 시력은 1.0이다.

10. 내게 마케팅을 도와줄 베스트 피플이 온다.

11. 나는 월수입이 억대로 들어온다.

12. 나는 배우자를 잘 섬긴다.

13. 내 배우자는 성실하다.

14. 잃었거나, 빼앗겼거나, 알지 못하거나, 심었는데 열매 맺지 못한
    돈들이 다 돌아온다.

15. 나는 인생, 지성, 관계, 재정에 있어서 200명의 놀라운 다음 세대
    를 키우는 자다.

16. 학교에 필요한 땅, 선생님, 재정, 콘텐츠, 학생, 은총, 능력, 탁월
    함 모두가 채워진다.

17. 그린벨트가 풀리고 학교 지을 땅이 생긴다.

18. 내 얼굴, 관절, 피부, 면역, 몸무게는 30대와 같다.

19. 세 자녀가 성령을 체험했고 각자의 부르심 가운데 능력 있는 자로 서 있다.
20. 내가 기도하면 기적이 일어난다.
21. 나는 6개월 안에 사랑의 불을 체험한다.
22. 나는 고통받는 자들에게 하나님의 답을 말하는 자다.
23. 나는 나눠주기를 좋아하는 자다.

선언에 시너지 효과를 더하는 3가지

선언은 나의 마음속 깊이 잠들어 있는 무의식을 일깨운다. 나처럼 각자 선언할 목표를 세워라. 때론 이뤄지지 않고 끝나버린 것도 있다. 이때는 좌절을 이기는 것을 선언하면 된다. 그런 다음 3가지에 유의해서 선언하라. 이렇게 하면 에너지가 당신에게 더 빨리 끌려올 것이다.

첫째, 이미지를 상상하며 선언하라. '상상이 지식보다 낫다'고 아인슈타인은 말했다. 목표를 하나하나 선언할 때마다 이미지를 떠올리며 상상하라. 효과가 배가 된다. 인간에게는 오감이 있고 그 감각을 통해 외부로부터 정보를 받아들인다. 받아들인 정보를 처리하고 그것을 근거로 판단을 한다. 인지과학 연구에 따르면 인간은 시각 80퍼센트, 청각 10퍼센트, 후각과 미각, 촉각 10퍼센트의 비율로 정보를 얻는다. 시각에서 얻는 정보가 압도적으로 많다. 따라서 선언하는 목표의 시각화가 중요하다.

목표와 가장 가까운 이미지를 찾아보자. 사진이든 그림이든 생생한 이미지를 보면 인체는 반응을 일으킨다. 일종의 경험을 더하는 과정이라 선언의 효과가 더 좋아진다. 내 목표 가운데 하나가 힐링센터 건립이다. 나중에 만들고 싶은 힐링센터와 비슷한 건물 사진을 찾아서 책상에 붙여 두었다. 자꾸 눈으로 보며 스스로에게 자극을 준다. 당신도 목표를 글로 적어서 눈에 띄는 곳에 붙여라. 이왕이면 책상에 놓인 컴퓨터 모니터, 세면대 거울, 냉장고, 현관문처럼 눈길이 자주 머무는 곳에 붙여라.

목표를 손으로 써보는 것 또한 좋다. 팁 하나를 주겠다. 당신은 컴퓨터나 공인인증서, 포털사이트 등의 패스워드를 뭐라고 설정했는가. 쉽게 떠올릴 수 있는 생일? 주민등록번호나 학번? 자신의 목표를 패스워드로 바꾸는 것은 어떤가. 일부러 따로 시간을 내지 않아도 매일 목표를 스스로에게 되새길 수 있다. 나 같은 경우 아이들 번호를 휴대전화에 저장할 때도 그냥 '아들', '딸'이라고만 하지 않는다. '사업가 아들', '정부의 리더 막내아들', '은총의 여성 리더 딸'이라고 저장해둔 지 10년이 넘었다.

둘째, 인내심을 가지고 계속적으로 선언하라. 부모로부터 대물림된 가난뱅이 머니패턴은 굉장히 오랜 시간 동안 잘못된 패턴을 반복적으로 접하고 익숙해진 끝에 형성된 결과물이다. 선언함으로써 고정된 틀을 바꾸는 데도 똑같이 지속적이고 반복적인 작업이 필요하다. 한두 번만 하고 그치면 전혀 소용이 없다. 뇌에 새겨질 때까지 시간을 들여야 한다.

심리학 현상 중에 '말의 각인刻印 효과'라는 것이 있다. 자주 하는 말이 뼈에 새겨지듯 뇌에 강하게 박혀, 현실에서 실제로 그렇게 되는 현상을 가리킨다. 한마디로 말로 장기 기억을 만드는 것이다.

인간은 외부에서 받아들인 정보 중 80퍼센트를 24시간이 지나면 잊어버린다. 이것이 단기 기억이다. 장기 기억은 앞에서 설명한 런던의 택시 운전사들과 같은 과정을 통해 평생 기억하는 것이다. 장기 기억을 만들려면 반복적인 경험과 학습이 필요하다. 반복적으로 이전과 다른 생각을 끊임없이 선언하라. 일종의 학습이다. 그러면 단기 기억이 아닌 장기 기억이 만들어진다. 가난뱅이 머니패턴이 부자 머니패턴으로 바뀌는 것이다.

셋째, 이왕이면 크게 소리 내서 선언하라. 사람이 크게 소리를 낼 때 우리 뇌는 무의식을 더 깊이 변화시킨다. 정신건강의학 전문의 우종민 박사의 저서《티모스 실종 사건》에는 이런 대목이 등장한다.

"평소에 자주 하는 말을 아주 중요하게 생각해야 해. '아 짜증 나. 난 맨날 이 모양이야.' 이런 말을 자주하면 그 말이 청각 기관을 거쳐 뇌에 입력돼버려. 그렇게 되면 독한 스트레스 호르몬이 죽죽 분비되어, 결국 완전 짜증나는 상태로 만들어버리는 거야. '말하는 대로 이루어진다'란 말은 그래서 몹시 과학적이라고."

맞다. 말하는 대로 이루어진다. 크게 소리 내어 선언하면 자신감이 생긴다. 내가 듣고 세상이 듣는다. 자신감에서 성공은 시작되는 것이다. 이때 믿음의 체계가 생기면 기적은 일어난다.

이런 원리를 잘 아는 내 아내가 절대로 하지 않는 말이 있다. "아프다."는 말이다. 관절 문제로 때로 큰 고통을 겪는데도 그런 순간조차 소리 내어 말하지 않는다. "아프다."고 하면 사실이 되어버려서다. '아니, 아픈 것이 사실이잖아?'라는 생각이 드는가? 하지만 아내는 오히려 이렇게 말한다.

"아픈 것이 사실이 아니야. 건강한 것이 사실이야."

아내는 입 밖으로 건강하다고 선언한다. 그러면 신기하게도 몇 시간 지나지 않아서 고통이 가신다고 한다.

이것이 건강뿐이겠는가? 돈도 마찬가지고 인간관계도 마찬가지다. 당신의 목표와 꿈을 사실로 선언하라. 마치 이뤄진 것처럼 여겨라. 그러면 당신에게는 그것을 끌어당길 수 있는 긍정적인 에너지가 만들어진다. 결국 당신은 두 눈으로 목표가 이뤄진 모습을 보게 될 것이다.

감정이 움직여야
돈이 움직인다

좀 전에는 최고로 기분이 좋았다가 갑작스럽게 감정이 무너져 바닥을 친 경험이 있는가? 하루에도 몇 번씩 감정의 기복을 느껴서 힘들어한 적이 있는가? 당신도 살아가며 느끼겠지만 감정만 잘 다스려도 인생이 잘 풀린다. 감정을 잘 다스리면 직장에서 사람들과 소통 및 화합이 잘된다. 개인의 삶에서도 감정을 잘 다스리면 행복이 더 크게 다가오는 법이다.

이를 잘 아는 기업이 있다. 바로 픽사Pixar다. 픽사의 경영 철학 중 하나는 유명 애니메이션 회사답게 '심각한 인간은 끝내 벌을 받으리라'다. 픽사에서 〈인크레더블〉, 〈라따뚜이〉 등의 작품을 만든 브래드 버드

Brad Bird 감독은 이렇게 말했다.

"영화 예산서에 따로 항목은 없지만, 예산에 가장 큰 영향을 미치는 것이 바로 직원들의 사기다. 사기가 낮고 부정적이면 1달러를 써도 25센트의 가치밖에 얻을 수 없다. 반대로 사기가 높고 긍정적이면 1달러로 3달러의 가치를 얻을 수 있다. 기업은 직원들의 사기를 높이는 데 좀 더 관심을 기울여야 한다."

앞서가는 세계적 회사는 이미 감정을 경영의 주요한 요소로 관리하고 있다. 감정이 성장할 수 있는 힘, 이윤을 극대화하는 힘이라고 보는 것이다.

가짜 감정 vs 진짜 감정

머니패턴에서도 감정은 중요하다. 감정은 에너지와 직접적으로 연결된다. 사람들은 싱글벙글 잘 웃는 내게 종종 물어본다.

"어떻게 하면 소장님처럼 웃고 살 수 있어요?"

내가 진정으로 바뀌게 된 원인은 웃을 일이 많아서라기보다는 좀 더 근본적인 데 있다. 오랫동안 나를 괴롭혔던 외로움, 열등감 문제를 해결했기 때문이다. 그래서 이런 질문을 하는 이들에게 당당히 말한다.

"당신이라고 착각하는 감정을 바꾸면 됩니다. 더 탁월한 감정으로 변화시키세요."

나를 끊임없이 흔들리게 만드는 감정을 찾아내라. 우리는 앞에서 가난뱅이 머니패턴에 대해 배웠다. 내 안에 억울함 탓에 한 방에 해결하려는 '질러형', 외로움 탓에 돈을 잃었던 '팔랑귀형', 어린 시절 두려움 탓에 돈을 꼭 쥐고 있다가 나중에 후회하는 '완벽형', 열등감이 가득해 돈만이 자신을 지켜준다고 생각하는 '피해자형', 어디 가서 지배력을 손에 쥐어야 존재감을 느끼는 '쟁취형' 등을 말이다. 비록 아직은 가난뱅이 머니패턴에 속한다 해도 당신 안에는 깨어나지 않은 건강한 감정이 존재한다.

나도 그랬다. 열등감과 외로움이 끈질기게 나를 흔들었다. 그래서 결핍된 욕구를 채우려고 끊임없이 돈을 썼고, 인정받기 위해 남을 지나치게 의존했다. 이를 이겨내기 위해 내가 한 일은 열등감과 외로움을 내면에서 찾아낸 것이다. 내가 나로 잘못 착각한 감정이었다. 그러고 나서야 반대의 감정이 '진짜 나'라는 사실을 자각했다.

'나는 원래부터 있는 모습 그대로 괜찮은 사람이야.'
'나는 충분한 사랑을 받은 사람이야. 남에게 나눠줘도 부족함이
없는 사람이야.'

자족, 사랑, 충만이 내 삶의 새로운 기준이 됐다. 이것이 원래 내 감정임을 인식시켰다. 더 이상 열등감과 외로움이라는 흔들리는 감정이 내 것이 아니라는 점을 분명히 하고 건강한 감정이 내 감정임을 일깨우니, 더 이상 옛 감정을 위해 돈을 쓰지 않을 수 있었다. 이렇듯 우리의 감정에는 긍정적인 것과 부정적인 것이 있다. 여기에서 할 수 있다는

가능성도 나오고 할 수 없다는 불가능도 나온다.

당신의 진짜 감정은 무엇인가? 가만히 나를 들여다보면 감정 속 깊이 있는 무의식감정이 무엇인지 알 수 있다. 간단한 일이어도, 무의식감정은 심리패턴과 행동패턴에 지대한 영향을 미치고 결과적으로 당신의 머니패턴과 인간관계와 일과 건강까지 달라질 수 있으므로 반드시 찾아내야 한다.

내 안에 충분한 사랑이 있기에 나눌 수 있고, 열정이 있기에 누군가를 도와줄 수 있고, 섬세함이 있기에 남의 실수를 해결할 수 있고, 힘이 있기에 공동체를 지향할 수 있다. 얼마든지 당신은 건강한 무의식감정을 가질 수 있다.

건강하지 못한 감정은 어디서 오는가

사람들이 왜 부정적인 감정을 갖게 될까? 가장 큰 이유 중 하나는 인간관계에서 오는 스트레스다.

나는 20여 년 동안 힐링세미나를 진행해왔다. 보통 2박 3일로 진행하는데 세미나를 거쳐간 졸업생들이 1만 명이 넘었다. 이 많은 사람들이 지속적으로 소통하고 교류했는데 아무래도 인간관계가 쉽지 않았다. 워낙 사람마다 성장 배경도 환경도 성격도 제각각이었기 때문이다. 이들의 리더인 나는 원칙을 세웠다. 그래야 스트레스 없이 인간관계를 잘 맺고, 잘 이끌 수 있을 것 같았다.

다음이 바로 내가 정한 '인간관계의 10가지 원칙'이다.

1. 하던 일을 멈추고 사람을 대한다.
2. 하루에 15초 이상 꼭 웃고 하루를 시작한다.
3. 한 사람의 말에 휘둘리지 않는다.
4. 먼저 인사를 한다.
5. 전화일지라도 웃고 나서 전화를 받는다.
6. 기분이 나쁘면 빨리 웃고 털어버린다.
7. 차 안에서는 웃음 CD를 듣고 최고의 기분을 선택한다.
8. 사람들을 만나서 포옹을 한다.
9. 어떤 사람을 만나든 장점을 본다.
10. 최대한 사람을 세워주고 인정해준다.

위의 기준에 따르니 평온한 감정을 유지할 수 있었고 더 즐겁게 인간관계를 맺을 수 있었다. 좋은 인간관계는 슬픔은 반으로 줄이고, 행복과 기쁨은 배로 늘린다. 유익한 정보까지 얻을 수 있다. 그러니 인간관계로 힘들어하고 있다면 당신도 나처럼 기준을 만들라.

또한 인간관계가 좋아지면 좋은 일이 생기기 마련이다. 언젠가 한 디자이너가 상담을 의뢰해왔다. 분명 끼가 많은 사람인데도, 35년이 넘도록 제대로 발산하지 못했다. 대화를 해보니 마음속에 억울함이 가득했다. 이유는 엄마와의 관계에 있었다. 어릴 때 그녀의 엄마가 끊임없이 오빠와 비교하고 방치했다.

"단 한 번만이라도 엄마에게 '미안하다'라는 말을 진심으로 듣고 싶어요."

상담 후 용기를 낸 그녀는 엄마를 만나서 감춰뒀던 속내를 털어놓았다. 엄마는 딸에게 진심으로 미안해했다.

이 일을 계기로 그녀의 마음에서 억울함이 사라지기 시작했다. 그러자 디자인 작품에 끼가 발산되기 시작했다. 색감이 뛰어나고 상상력이 돋보이는 작품을 잘 만들어냈다. 뒤늦게 실력 발휘를 하게 된 그녀는 다른 사람들로부터 인정받는 일이 부쩍 늘었다. 성공하고 싶은가? 부자 머니패턴을 갖고 싶은가? 탁월한 감정을 유지하라.

인생에 활력을 주는 감정들

당신 안에 어떤 감정이 활력을 주는가? 그리고 어떤 감정이 당신에게 좌절을 주는가? 부정적인 감정에 빠지면 내면의 능력이 발휘되지 못한다. 예를 들어, 외로움에 사무쳐 있다고 치자. 보통 넓은 인간관계를 통해야 좋은 정보를 얻는데 외로움 탓에 한 사람에게만 집착하면 정보들이 차단된다. 이런 식으로 부정적인 감정은 안 좋게 작용한다. 하지만 상담을 의뢰하는 사람들 중 대다수가 스스로 감정을 조절하지 못하고 환경에게 또는 타인에게 자신의 감정을 내맡기고 있다.

활력을 주는 감정을 매일 선택함으로써 좌절에 빠지게 하는 부정적인 감정이 사라지게 하라. 활력 넘치는 삶으로 이끄는 감정들로는 어떤 것들이 있을까?

희망, 기쁨, 감사, 열정, 사랑, 믿음, 온유, 따듯함…. 이 감정들이 당신에게 입혀진다고 상상하라.

나는 반대의 감정이 올라올 때마다 눈을 감고 건강한 감정의 옷을 입는 모습을 상상한다. 예를 들자면 불평불만이 치밀 때는 눈을 감고 감사의 옷깃을 쓰다듬는다. 그런 다음 그 옷을 입는다. 대단하지 않은 상상에 불과하지만 이런 과정을 거치면 건강하지 못한 가짜 감정에 휘둘리지 않게 된다. 또한 가난한 마음이 들 때는 얼른 부의 옷깃을 쓸어내린다. 그런 다음 부의 옷을 입는다. 그리고 선언한다.

"내게 올 돈은 충분하다!"

선언했다고 해서 즉시 돈이 돌아오지는 않는다. 하지만 돈 때문에 흔들리지 않는다. 이것이 부자의 마인드다. 돈은 에너지다. 당신과 주파수가 맞을 때 온다.

행동에는 '용기'라는 감정이 필요하다

앞에서 데이비드 호킨스 박사의 의식 지도에 대해 언급했다. 그 표를 보면 '용기'라는 의식 수준의 에너지는 200룩스다. 행복해지려면 의식 수준이 300은 넘어야 하는데 그 시작점이 바로 용기다. 왜 그럴까? 마이너스 에너지에서 플러스 에너지로 넘어가는 길목에서 필요한 것이 바로 용기이기 때문이다.

부자 머니패턴으로 가기 위해서는 무엇보다 용기가 필요하다. 과거의 것을 거부할 수 있는 용기, 새로운 것을 받아들일 수 있는 용기 말이다. 용기가 없으면 두려움 속에서 같은 행동만을 반복하며 변화 없는 삶을 살 수밖에 없다. 용기에는 3가지 특성이 있는데, 이것들이 우리의 사고 틀을 바꾸는 데 결정적인 역할을 감당한다. 첫째, 용기는 다시 시작할 수 있게 한다. 둘째, 용기는 전염성이 있다. 셋째, 용기는 부자 머니패턴으로 가기 위해 우리를 훈련시킨다.

경기도 광주에 건물을 짓고 카페를 낸 분이 있다. 그는 건물을 지으면서 나에게 조언을 구했다.

"소장님, 70평 건물을 지어야겠는데 건축업자 좀 소개해주실 수 있나요? 그런데 사실 당장은 지불할 돈이 좀 부족해요. 과연 가능할까요? 제발 부탁드립니다."

상황이 절박한 그를 보자 옛일이 떠올랐다. 나는 인테리어로 몇 천만 원을 손해 본 경험이 있는 터라 건축업자를 잘 선정하는 일이 무엇보다 중요하다는 사실을 잘 알고 있었다. 신뢰할 수 있는 사람을 소개시켜줘야겠다는 생각으로 내가 아는 건축업 사장님과 그분을 연결해주었다. 그는 돈이 별로 없는 상태에서 건물을 지었고, 다 지은 뒤에 대출을 받아 잔금을 치를 수 있었다. 시도하려는 용기가 없었다면 아무 일도 일어나지 않았을 것이다.

이야기는 여기서 끝이 아니다. 카페 사장님은 건축업 사장님과 만나 작업을 같이 하면서 사고체계가 완전히 바뀌었다. 제천에 사는 건축업 사장님은 몇 년 전 서울에서 1억 6천만 원의 전셋집에 사는 딸에게 그 돈을 빼서 제천에 6층짜리 건물을 8억을 주고 사게 했다. 임대료로 대출이자와 원금을 갚아나가며 딸은 하루아침에 건물주가 되었다. 카페 사장님은 내 돈이 있어야만 돈을 벌 수 있다는 사고방식에서 벗어나 내 돈이 없어도 부를 이룰 수 있다는 새로운 사고방식을 배웠다.

뿐만 아니라 이 과정을 통해 그에게는 새로운 패턴이 생겼다.

"제 돈이 부족해도 일을 진행해서 성사시킬 수 있군요."

하나의 사업체를 새로 시작하는 과정이 용기를 훈련하는 좋은 기회가 된 셈이다. 이처럼 누군가의 부자 패턴이 또 다른 누군가에게 영향을 줄 수 있다. 그것은 나에게 혹은 내가 누군가에게 물결처럼 퍼지게 하는 영향력이 될 수 있다.

돈 버는 행동을
배워라

세상에는 두 종류의 사람이 있다. '돈의 지배를 받는 사람'과 '돈을 지배하는 사람'이다. 돈을 지배하는 사람은 돈과 부의 의미, 관계를 잘 이해한다. 나는 여러분을 돈을 지배하는 사람으로 이끌기 위해 이 책의 8할을 '의식과 심리' 부분에 집중했다. 그렇다면 2할은 무엇인가? 이제 현장에서 뛰어야 한다. 행동으로 실천해야 돈이 내게 굴러 들어오지 않겠는가.

많은 사람들이 빠르게 돈을 버는 방법을 이야기한다. 그러나 공부에 왕도가 없듯 돈 버는 데에도 왕도는 없다. 자신에게 알맞은 방법을 찾아서 성실하고 꾸준하게 앞으로 나아가는 것, 인생의 많은 것이 그러하듯 그 우직한 방법 말고 다른 길은 없다.

만약 내가 책 인세를 받고 싶다면 먼저 글부터 써야 한다. 부동산 투자를 하고 싶다면 부동산을 공부하고 부지와 건물을 직접 보러 가봐야 한다. 꾸준한 절약과 저축을 통해 종잣돈을 모은 다음에는 증식을 위한 준비가 필요하다. 바로 금융 지식을 쌓는 것이다. 돈을 벌 줄만 알 뿐, 돈을 관리하고 증식시키는 방법을 알지 못한다면 그 사람은 부자가 될수 없다. 가난뱅이 머니패턴에 빠져 있는 사람들을 위해 이제부터 돈을 증식시키는 실제적인 실천 방법들을 제시하고자 한다.

변화의 기폭제가 돼주는 목표

꿈과 목표는 엄연히 다르다. 하지만 많은 사람들은 원하는 일이 저절로 이뤄지기를 희망하며 일생을 살아간다. 생각만으로는 아무 변화도 일어나지 않는다는 사실을 명심하라. 구체적인 목표를 설정해야 한다.

작년에 한 세미나를 진행했는데, 참석자 모두가 부자가 되길 원했다. 사람들은 어떻게 하면 부자가 될 수 있겠느냐며 초롱초롱한 눈빛으로 강의에 집중했다. 나는 감정만으로는 재정을 풍요롭게 할 수 없음을 잘 안다. 감정을 북돋는 작업뿐 아니라 돈에 대한 실제적인 공부가 반드시 필요하다. 그래서 1시간 동안 구체적인 목표를 설정하는 시간을 마련했다. 지갑에 꽂고 다닐 명함만 한 종이에 구체적인 목표를 적고, 그 목표를 매일매일 선언할 수 있도록 했다.

그러나 안타깝게도 이후 극소수의 몇몇을 제외하고는 그 목표가 적힌 종이를 가지고 다니지 않는다는 사실을 알게 됐다. 매일매일 선언하는 사람들은 더 적었다.

돈을 벌어야 할 가치관이 분명하다면 구체적인 목표를 정해야 한다. 단기적 목표, 중기적 목표, 장기적 목표를 세우고 얼마를 벌지 계획하는 것이 중요하다.

당신이 KTX를 타고 서울에서 부산에 간다고 가정해보라. 부산역이라는 종착지를 정해놓고 출발하지 않는가? 이렇듯 제대로 길을 가려면 끝을 정하고 출발해야 한다. 즉, 당신의 모든 에너지를 쏟을 수 있을 만큼 목표가 분명해야 한다. 목표를 바로 정하기 어렵다면 다음 4가지 질문들에 답해보라. 목표를 정하는 데 도움이 될 것이다.

 목표를 정하기 위해 물어야 할 것들

1. 올해 당신은 얼마를 벌고 싶은가?

2. 그것을 가능하게 할 상품과 서비스는 무엇인가?

3. 1번과 2번을 접목할 구체적인 계획은 무엇인가?

4. 도움을 청할 사람이 있는가?

목표를 정확한 수치로 표현하라. 빚을 갚겠다는 목표여도 좋다. 목표가 분명해야 좋은 결실을 맺을 수 있다. 그래야 난관에 부딪혀도 다시 일어설 수 있고, 적은 금액이라도 아낄 수 있다. 생각 없이 해왔던 행동들에 브레이크를 걸 수 있다. 이때 주의할 점은 자신의 환경에 맞게 목표를 정해야 한다는 것이다. 목표가 너무 과하면 현실과 이상의 차이가 커서 포기하기 마련이다.

내가 개최한 세미나에서 어떤 청년이 가진 게 아무것도 없다면서 "저는 100억을 벌고 싶어요."라고 말했다. 나는 청년을 단상 앞으로 나오라고 했다. 그리고 청중 중에서 한 사람을 골라 '돈 100억'이라고 설정했다. 단상에서 돈 100억으로 설정한 사람을 청년 앞으로 다가가게 했다. 그러자 청년이 소리를 질렀다.

"그만요. 오지 마세요!"

내가 물었다.

"왜요? 100억을 벌고 싶다면서요?"

그러자 청년은 겁에 질린 듯 말했다.

"너무 큰 금액이라 두려워요."

그러면 얼마면 수용할 수 있겠느냐고 물으니 이번에는 "10억이요." 라고 대답했다. 청중 중에서 또 다른 사람을 골라 '돈 10억'이라고 설정한 뒤 그 청년에게 다가가게 했다. 그랬더니 청년은 편안함을 느꼈다.

청년은 그때부터 10억 원을 두고 목표를 세우기 시작했다. 차츰차츰 사고의 용량이 커지면 아마 100억 원도 가능할지 모른다. 그러므로 처음부터 허무맹랑한 목표를 잡지 말라.

목표가 있으면 행동하기 시작한다. 돈이 없어서 게으름을 피우는 것이 아니다. 목표가 정확하지 않아서 침대에서 미적대는 것이다.

당신의 상품과 서비스는 무엇인가

의외로 많은 사람들이 가만히 앉아서 나무의 감이 내 입 속으로 떨어지기를 바란다. 무언가 초자연적인 현상이 벌어지기를 꿈꾸는 것이다. 기적을 꿈꾸는 것은 좋다. 그러나 기적을 꿈꾸면서 현실적인 성실함까지 겸비해야 한다. 기적처럼 다가온 돈을 제대로 다룰 수 없다면 아무리 초자연적인 일이 벌어져도 돈은 결국 다 사라져버리고 말 것이다. 로또에 당첨되었던 사람들이 몇 년 만에 그 많던 돈을 다 잃어버리는 것과 같은 이치다. 추수하길 원한다면 먼저 밭을 일궈야 한다.

현실적인 성실함은 무엇으로 나타나는가? 바로 상품과 서비스다. '원하는 것을 말하면 그것을 얻을 수 있다'거나 '구하면 얻게 될 것이다'는 말은 잘못된 가르침이라고 생각한다. 단순히 원하기만 해서는 얻을 수 없다. 목표액을 정했다면 그것을 성취하게 해줄 상품과 서비스가 무엇인지 찾아야 한다. 진정한 부는 생산 과정을 통해 얻을 수 있다.

카카오톡을 생각해보자. 그 회사가 짧은 시간에 엄청난 부를 거둬들일 수 있었던 까닭은 21세기에 알맞은 상품이었기 때문이다. 빠르게 변화하고 경쟁이 심하며 즉각적인 커뮤니케이션이 일어나는 시대에 카카오톡은 무료 문자 서비스를 제공했다. 보이스톡이나 페이스톡처럼 인터넷만 연결되면 쓸 수 있는 공짜 통화 서비스 또한 제공했다. 확실한 상품과 서비스를 통해 데이터베이스를 구축했고, 그것으로 부를 축적할 수 있었다. 당신에게는 무엇이 있는가?

부동산을 좋아한다면 부동산이어도 좋다. 억만장자였던 현 미국 대통령 트럼프 역시 부동산과 금융 상품으로 부를 일궜다. 나처럼 교육과 상담을 좋아한다면 그것이 자신만의 상품과 서비스가 된다. 부자가 되기 위한 필수조건은 상품과 사람들을 위한 서비스의 중요성을 아는 것이다.

목표를 정했다면 상품과 서비스를 통해 어떻게 부를 창출할지 고민하라. 그리고 더 나은 상품을 팔고 더 나은 서비스를 위해 노력하라. 분명 부가 찾아올 것이다!

돈을 늘리는 기본 중 기본, 저축

나의 머니패턴이 바뀌는 데 가장 많은 도움을 준 책은 《돈 벌 이유 돈 쓸 이유》다. 이 책의 저자인 선데이 아델라자 Sunday Adelaja 목사는 나이지리아의 극빈한 가정 출신이다. 그는 장학금을 받아 구소련에 유학을 갔다가 우크라이나에 정착했다. 어릴 때 가난을 처절하게 경험한 그는 러시아와 우크라이나 전역에서 가난 퇴치 운동, 약물과 알코올 중독 치료 등 사회운동을 활발하게 펼치고 있다. 이런 활동을 인정받아 2007년에는 유엔에서 대표 연설을 하기도 했다.

뿐만 아니라 아델라자는 아주 가난한 사람들 200명을 2년 만에 백만장자로 만드는 놀라운 일을 행했다. 그는 이렇게 말한다.

"돈은 선한 사람들에게 가지 않습니다. 세상에는 수백만의 선한 사람들이 가난하게 살고 있습니다. 돈은 교육받은 사람들에게 가지 않습니다. 오늘날 수많은 사람들이 교육을 받았지만 그들은 그저 중산층의 생활을 유지하고 있을 뿐입니다. 돈은 심지어 교회에 다니는 그리스도인들에게도 가지 않습니다. 만일 그렇다면 교회 안에는 부유한 사람들로 가득 차 있어야 할 것입니다. 많은 사업가들이 그토록 수지를 맞추고자 노력하지만 돈은 그들 뜻대로 움직이지 않습니다. 돈은 오직 돈의 법칙을 충분히 알고 있는 사람들에게만 갑니다. 만일 당신이 아직 마음에 부요 의식을 갖고 있지 않다면 돈은 당신에게 가지 않을 것입니다."

아델라자는 돈을 지배하는 방법으로 저축을 아주 중요하게 다룬다. 그는 다음과 같은 단계를 적용해 저축하라고 제안한다.

1단계: 10분의 1은 씨앗을 심는다고 생각하고 기부를 하라.
2단계: 월급 중 저축할 분량을 정하고 자동이체를 시켜라.
3단계: 저축한 돈은 절대 쓰지 마라.
4단계: 은행에 이율을 고려하지 말고 일정 금액까지 저축하라.
5단계: 저축 후에 남은 금액으로 소비하라.

부자가 되는 길은 얼마를 버느냐가 아니라 얼마를 저축하느냐에 달렸다. 저축이 있어야 기회가 올 때 투자할 수 있다. 그러므로 수입에서 일정 금액을 저축하는 습관이 무엇보다 중요하다. 먼저 돈을 쓰고 나서 남는 금액을 저축하려고 하면 돈을 모으기가 힘들다. 막상 저축할 금전적 여유가 별로 없는 것이다. 이게 바로 가난뱅이의 습관이다. 이에 비해 부자는 저축할 돈을 먼저 떼어놓고 그다음에 소비를 한다. 당신은 어떻게 저축하고 있는가?

당신도 이제 마음을 먹어야 한다. 목표한 금액에 도달하기까지 은행에 저축하는 데 우선순위를 두라. 그리고 이 저축은 반드시 증식에 의미를 두라. 그렇지 않으면 막상 기회가 오더라도 두려워하며 투자를 하지 못하게 될지 모른다. 모으는 것이 목표가 아니라 증식이 목표임을 명심하자.

불필요한 지출을 줄여라

"돈이 정말 없어요."라고 말하는 사람들이 있다. 그들은 무엇을 해야 하는가? 당연히 지출을 줄여야 한다. 머니패턴 코칭을 받은 한 사람이 이런 이야기를 들려주었다.

"소장님, 수업을 듣고 나서 어떻게 종잣돈을 마련할까를 고민했어요. 방배동에 정기적으로 토요장터가 열려요. 이곳에 안 쓰는 물건을 가지고 가 팔았더니 17만 5천 원을 벌었어요."

적은 금액일지라도 투자할 곳을 찾으면 방법이 있다. 토스라는 앱을 아는가? 치과의사가 창업한 이 회사는 은행도 아닌데 송금과 이체가 가능한 앱을 만들었다. 사용이 편리할 뿐 아니라 소액 투자처까지 연결해주는 매력적인 서비스로 토스는 짧은 시간 안에 몇 백억 원의 매출을 냈다. 나아가 조 단위의 가치가 있다고 평가받을 정도로 무궁무진한 가능성을 인정받고 있다.

만약 당신이 수입이 넉넉하지는 않지만 일정 금액을 저축하기로 마음먹었다면 지출을 줄이는 것밖에는 방법이 없다. 안 쓸 수 있는 돈을 점검한 뒤 지출을 최소화하라! 휴대전화를 2년마다 바꾸는 습관을 고치는 것 등도 한 방법이다. 무분별하게 쓰던 신용카드는 계획대로 쓰기 위해 노력해야 한다.

머니패턴 코칭을 받은 또 다른 사람은 이런 경험담을 들려주었다.

"소장님, 무엇을 줄일까를 고민해본 결과 제가 프랜차이즈 커피를 많이 마신다는 걸 깨달았어요. 하루에 한 잔씩은 꼭 먹었거든요. 하루에 5천 원이면 일주일에 2만 5천 원이고, 1년이면 130만 원이더라고요."

그는 좀 더 싼 커피나 인스턴트커피를 먹기 시작했다. 그리고 쓰지 않는 돈은 저축을 하기 시작했다. 옛말에 '티끌 모아 태산'이라는 말이 있다. 지금이 어떤 시대인데 그런 말을 하느냐고 말하지 마라! 종잣돈을 모으려면 티끌이라도 모아야 한다. 그래야 나중에 좋은 기회가 찾아왔을 때 투자할 수 있지 않겠는가.

투자하기 전에 훈련은 필수

저축으로 투자할 종잣돈을 만들었다면 이제는 투자다. 그런데 그전에 투자 훈련이 필요하다. 훈련 없이 투자했다가는 돈을 다 잃어버리기 십상이다. 물론 성공의 지름길은 실패라는 말이 있기는 하다. 때론 실패를 통해서 많은 것을 배우기도 한다. 하지만 실패가 자주, 혹은 너무 오랜 시간 지속되면 오히려 역효과가 난다. 가난뱅이 머니패턴이 고착화될 수 있고 가진 모든 것을 날려서 아예 만회하지 못하는 수가 생긴다. 따라서 투자에는 신중하게 접근해야 하며 되도록 훈련을 먼저 하는 것이 좋다.

투자 훈련 중 하나는 FQFinancial Quotient, 금융지능지수를 키우는 것이다. 이는 돈에 관한 지식을 습득하는 것뿐만 아니라 합리적으로 판단해서 현명하게 금융생활을 하는 것을 의미한다. 또 하나는 다음과 같은 성공 투자의 원리들을 가슴에 새기는 것이다.

- 당신이 열정을 낼 수 있는 분야에서 돈을 만들어라.
- 자신의 강점을 강화시켜 그 분야의 전문가가 되도록 공부하라.
- 이 분야에서 성공한 사람과 네트워크를 형성해서 배워라.
- 당신이 가지고 있는 돈과 부동산을 파악해서 투자금이나 자산으로 바꿔라.
- 저축 외에도 일정 금액을 정해 투자를 시작해라. 적은 돈으로 투자할 수 있는 곳도 많다.

- 멘토나 당신을 도와줄 수 있는 협력자들을 만들어라.

- 관심 분야와 관련된 도서를 읽어라.

- 빚을 지지 마라.

- 당신의 게으름과 무지와 싸워라.

- 달러의 흐름을 공부해라.

- 세계 경제의 흐름을 공부해라.

- 경기에 따라 어떤 상품에 투자해야 하는지를 배워라.

본격적인 투자에 들어가기 전에 특히 유의할 점이 있다. 속히 얻는 것을 주의해라! 그것은 속임수일 가능성이 높다. 나 또한 과거에 잃었던 많은 돈들은 급한 마음으로 무리하는 바람에 사라진 것이었다.

누군가 오늘 당장 투자를 하지 않으면 기회가 사라질 것처럼 말하는가? 함정이다. 돈을 잃지 않도록 조심하라. 주식 투자를 지금 바로 하지 않으면 다시는 좋은 기회가 오지 않을 것 같은 생각이 드는가? 이역시 함정이다. 잘못된 생각이다. 부자는 기다릴 줄 안다. 상황을 천천히 살펴보며 이익이 조금 적더라도 정확한 흐름을 보고 투자하기에 실수하지 않는다. 이에 비해 가난뱅이는 성급하게 하락세에 투자해서 손해를 보거나 반대로 너무 빨리 투자해서 기다리다 지쳐 제때가 아닌데도 처분한다. 급하게 먹는 떡은 체하기 마련이다.

만약 이미 실패를 했다면 어떻게 해야 할까? 실패했다가 아니라 교훈을 얻었다고 생각하라. 훌륭한 인생 교훈을 얻었으니 또다시 같은 실수를 저지르지 않게 될 것이다. 두려워 말고 다시 일어서면 된다.

도움을 줄 사람을 만나라

다음으로 당신이 할 일은 도움을 줄 사람을 찾는 것이다. 내가 아는 형님이 있다. 그는 몇 천억 대의 자산가다. 경매로 돈을 조금씩 모아서 이를 종잣돈 삼아 토지 매매로 큰돈을 벌었다. 연수원이 들어선다는 정보를 미리 접하고 토지를 싸게 구입을 했다가 연수원이 들어설 무렵 몇 배 더 비싼 가격으로 토지를 팔아 차익을 남기는 식이다.

언젠가 형님에게 물었다.

"형님, 돈은 어떻게 벌어요?"

형님은 망설임 없이 얘기했다.

"첫째, 남에게 줘야 해. 기브give가 첫 단계야."

"받는 게 아니라 준다고요?"

나는 이 말에 적잖은 충격을 받았다. 그러자 형님은 본인이 정보를 얻는 방법에 대해 설명해줬다. 알고 보니 그 뒤에는 대단한 노력이 숨어 있었다.

형님은 남이 좋은 정보를 알려주면 대가로 수익의 30퍼센트를 줬다. 토지 정보를 주든, 주식 정보를 주든 그 정보를 바탕으로 생겨나는 수익의 30퍼센트를 상대에게 주었다. 가난뱅이 머니패턴을 가진 사람이 이 얘기를 들으면 아깝다고 생각할 것이다.

'고작 정보 하나로 30퍼센트씩이나?'

과정을 모르고 결과만 아는 사람들은 형님이 그저 하루아침에 부자가 됐다고들 말한다. 하지만 전혀 아니었다.

'그렇구나. 세상에 공짜는 없구나.'

나는 새삼 깨달았다. 하지만 우리는 공짜로 얻으려고 애쓴다. 공짜로 얻은 정보는 이와 비슷한 질 나쁜 정보라는 사실을 모른 채 말이다. 정보가 전부라고 여기는 부자는 30퍼센트라도 아주 감사하게 정보 제공자에게 준다. 몇 천억 대의 자산을 일군 형님처럼 말이다. 왜? 그다음에도 유익한 정보를 또 얻을 수 있기 때문이다.

당신도 도움을 줄 사람을 만나라. 그런데 만나면 도움받기 전에 당신이 먼저 베풀어야 한다. 그 도움이 결국 더 크게 돌아올 것이다.

가장 중요한 목표에 집중하라

삶은 결정의 연속이다. 결정이란 실천이다. 아무리 꿈이 확고하다 해도 실천 없이 이룰 수 없다. 계획만 있고 결정하지 않는다면 기회는 영원히 오지 않는다. 실천할 때도 요령이 있다. 우리가 하는 일은 모두 중요도가 다르다. 꼭 해야 하는 일에 집중하라.

"큰일을 먼저 하라. 작은 일은 저절로 처리될 것이다."

데일 카네기의 말이다. 중요한 일은 목표의 성패를 가르는 경우가 많으므로 반드시 완결해야 한다.

미국의 투자가 워런 버핏은 2000년부터 매년 자신과의 점심 식사 기회를 경매에 부친다. 2018년 6월에 진행된 경매에서는 식사 기회가 2,960만 달러, 한화로 약 318억 원에 달할 만큼 이 이벤트는 인기를 끌고 있다. 경매 수익금 전액은 빈민구제단체에 기부한다.

한번은 이 경매를 통해 버핏과 점심 식사를 하게 된 한 CEO가 버핏에게 물었다.

"가장 중요한 성공 비결을 알려주십시오."

버핏은 식당 종업원에서 종이와 펜을 부탁했다.

"평소 목표로 삼는 것들을 모두 적어보십시오. 그리고 그 목표 중 가장 중요하다고 생각하는 5개에 동그라미를 쳐보십시오."

버핏과 식사하던 사람이 목표 25개를 적은 후 5개에 동그라미를 그리자, 버핏이 다시 물었다.

"자, 이제 목표를 이루려면 어떻게 해야 할까요?"

"너무 쉬운데요? 5개 목표를 이뤄가면서 나머지 20개도 틈틈이 달성해가면 되지 않을까요?"

그러자 버핏이 소리를 높여 말했다.

"아닙니다! 그게 아닙니다! 당신이 해야 할 것은 그 5개 목표만 이루는 겁니다. 그동안 나머지 20개는 머릿속에서 아예 지워버리세요. 집중하지 않으면 결국 아무것도 이루지 못합니다."

가장 중요한 목표에 집중하라! 그것을 먼저 실천에 옮겨라! 그것이 머니패턴을 바꾸기 원하는 당신이 해야 할 유일한 일이다.

건강한 머니패턴 위에
풍요로운 삶이 싹튼다

나는 지난 20여 년 동안 암이나 우울증을 앓고 있는 사람들을 위한 웃음치료와 상담을 해왔다. 그러면서 모든 질병의 원인은 스트레스라는 사실을, 스트레스의 가장 큰 원인은 인간관계라는 사실을 깨달았다. 관계에서 비롯한 문제들을 해결하기 위해 마음, 심리, 정신분석 등 많은 것을 배우고 연구한 결과, 기차가 선로를 따라가듯 우리 내면의 깊은 무의식에도 반복되는 패턴이 있음을 알게 되었다. 무의식의 심리가 돈과 행동에까지 큰 영향을 끼치는 것이다.

한국인에게 가장 많이 나타나는 무의식감정은 억울함, 외로움, 두려움, 열등감, 경쟁심이다. 이것은 우리를 더 노력하게 하거나 발전시키고 무언가를 성취하게 만드는 원동력으로 작용한다. 하지만 이 감정들을 넘어서지 못할 때 우리는 과거의 감정에 빠져 부정적인 인식 속에서 살아가게 되기도 한다. 그렇게 되면 건강이나 돈 문제, 일이나 감정, 관계 문제에 직면했을 때 똑같은 패턴으로 대처할 수밖에 없다. 반복되는 문제들이 원래의 삶인 것처럼 착각하기까지 한다.

결과에는 원인이 있듯 문제에도 반드시 해결책이 있다. 매년 엄청난 수준의 인센티브를 받곤 하는 내 친한 지인이 외국에서 개최된 백만장자 세미나에 참석했다. 그 세미나에서 처음 배운 것은 '관계 치유'였다. 부모와의 관계 치유가 백만장자가 되는 첫걸음이라고 했다. 왜일까? 돈은 에너지다. 부모와의 관계가 좋지 않으면 에너지 흐름이 막힌다. 동서양을 막론하고 돈은 관계에서 온다. 그런데 그 관계는 어린 시절 형성된 부모와의 관계가 좌지우지하는 것이다.

본문에서 내가 아버지와의 관계가 좋지 않았음을 밝혔다. 내게 아버지는 피하고 싶은 무서운 존재였는데, 아버지와의 관계는 가족으로만 끝나지 않았다. 아버지와 같은 상사나 동료를 보면 움츠려드는 나를 발견하면서 이런 사실을 알았다.

인간관계의 패턴은 돈과의 문제에서도 비슷한 양상을 보인다. 내게는 피하고 싶은 아버지처럼 돈도 똑같이 피하고 싶은 존재였다. 이처럼 부모로부터 채우지 못했던 사랑, 인정, 힘, 자유, 생존의 욕구는 무의식 감정으로 고착화되어 우리의 일거수일투족에 영향을 끼친다.

나는 그동안 많은 돈을 벌었음에도 불구하고 모으지 못했다. '돈을 많이 벌면 싸운다'라는 어린 시절의 왜곡된 무의식패턴 탓이다. 싸우지 않으려면 빨리 써버려야 했다. 이 패턴으로 돈이 모아질 수 있겠는가? 돈이 들어와도 훨훨 날아가버린다. 나의 머니패턴은 다른 사람들에게 인정을 갈구하는 '팔랑귀형'이었다. 이 유형은 관계를 중시해서 싸움을 회피하고 싫어한다. 남에게 싫은 소리를 못하니 돈을 빌려주면 받지 못하고, 받아야 할 돈도 피해버린다.

하지만 무의식패턴을 바꾼 후 내 삶은 완전히 달라졌다. 내가 어떤 식으로 돈을 잃는지 깨닫고 그 방법을 나도 모르게 행할 때, '멈춰' 하고 스스로에게 말하게 됐다. 나를 제어하게 할 좋은 조언자들과 가깝게 지내기 시작했고 공부를 통해 투자를 시작하자 서서히 돈이 내게로 모여드는 것이 보였다. 내 머니패턴상의 강점은 그대로 두고 약점은 보완한 결과이다.

머니패턴을 정확히 파악하고 돈 벌 생각을 하라. 그렇게 하지 않으면 앞에서 번 돈이 뒤로 다 새어나간다. 내가 이 책을 집필한 이유는 돈을 벌고자 한다면 반드시 건강한 심리가 먼저라는 사실을 이야기하고 싶어서다. 누구에게나 풍요로운 삶을 누릴 권리가 있고, 부를 창출할 수 있는 능력이 있다. 기초가 튼튼한 건강한 심리패턴을 가진 사람에게는 돈이 들어온다. 그 돈을 더 증식시킬 수 있는 힘까지 생긴다. 스스로 행복하고, 부유하다고 생각하는 사람만이 혹은 그런 삶을 살 수 있다고 생각하는 사람만이 실제로 그런 삶을 살 수 있다. 스스로 부유하게 살 수 없다고 믿으면 아마 영영 부유하게 살지 못할 것이다.

중고등학생들을 상담하다 보면 가끔 "제가 아무리 벌어도 서울에 집 사기는 힘들 거예요."라고 말하는 아이가 있는가 하면 "저는 돈 벌어서 꼭 포르쉐를 살 거고, 엄마와 아빠에게도 한 대씩 사드릴 거예요."라고 말하는 아이가 있다. 스스로 자기 삶을 제한하는 사람은 도전하는 인생을 살기 어렵다. 사실 우리가 사는 현재는 과거에 우리가 믿고 행한 것들의 총합이다. 미래는 지금 결정하는 많은 것들로 이뤄지기 마련이다.

나는 부모로서, 그리고 윗세대로서 다음 세대들이 건강하면서도 감정, 재정, 일, 관계에서 풍요로운 삶을 살 수 있기를 바란다. 자신의 끼를 마음껏 발산하며 사회를 변화시키는 사람으로 성장하기를 바란다.

그래서 이 책을 읽는 모든 사람들에게 말하고 싶다. 우리 함께 부자가 되자. 돈을 포함한 가치 있는 삶을 우리 후세대들에게 전수하자. 당신에게 앞으로 펼쳐질 행복한 삶에 건투를 빈다. 힘이 들 때마다 이 말을 기억했으면 한다.

"당신이 무언가를 꿈꾼다면 그것을 믿어야 하고, 그것을 믿는다면 당신은 그것을 얻을 것이다."